新时代新闻传播教育的探索与实践

郭小良　著

西北工业大学出版社

西　安

【内容简介】 本书基于作者在地方高校从事新闻传播教育探索与实践的结果，侧重对新技术、新媒体环境下学生学情新变化、新特点的调查、总结与归纳。据此，聚焦了课程思政、马克思主义新闻观教育、创新能力、写作能力、实践能力等新闻传播教育的核心问题，尝试提出提高人才培养质量，有利于教育教学方法探索与路径选择的意见和建议。

本书适合广大新闻传播教育工作者和从事高等教育研究的教师、同学阅读参考。

图书在版编目(CIP)数据

新时代新闻传播教育的探索与实践 / 郭小良著. ——西安：西北工业大学出版社，2022.9
ISBN 978-7-5612-8420-9

Ⅰ. ①新… Ⅱ. ①郭… Ⅲ. ①新闻学—传播学—教育研究—中国 Ⅳ. ①G210

中国版本图书馆 CIP 数据核字(2022)第 175885 号

XINSHIDAI XINWEN CHUANBO JIAOYU DE TANSUO YU SHIJIAN
新 时 代 新 闻 传 播 教 育 的 探 索 与 实 践
郭小良 著

责任编辑：查秀婷	策划编辑：查秀婷
责任校对：李玄梅	装帧设计：李 飞

出版发行：西北工业大学出版社
通信地址：西安市友谊西路 127 号　邮编：710072
电　　话：(029)88491757，88493844
网　　址：www.nwpup.com
印　刷　者：陕西奇彩印务有限责任公司
开　　本：787 mm×1 092 mm　1/16
印　　张：9.75
字　　数：250 千字
版　　次：2022 年 9 月第 1 版　2022 年 9 月第 1 次印刷
定　　价：45.00 元

如有印装问题请与出版社联系调换

序

2022年4月,习近平总书记在中国人民大学考察时强调"为谁培养人、培养什么人、怎样培养人"始终是教育的根本问题。新世纪以来,在以习近平同志为核心的党中央关怀和领导下,我国新闻与传播教育紧跟全国高等教育发展步伐,坚持立德树人、守正创新,取得了令人欣喜的成绩和进步,迈入了历史上最好的发展时期,产生了许多理论成果,培养了一大批优秀人才。

当然,实事求是地看,当前我国新闻与传播教育也还面临诸多需要进一步厘清的困惑和亟须解决的难题,特别是如何从当下世界变局和国情变动,以及媒介生态和传播环境变化的特点去思考、解决"怎样培养新时代新闻与传播人才"这一基本问题,还需要付出更大努力。

教育的主体是学生,学生是教师职业存在的前提。立足新时代,着眼新形势,新闻院校的教师必须密切关注学生思想与需求的变化,认真思考如何更好地因材施教和因人施教。要看到,随着我国社会发展水平和现代化程度的不断提高,新一代受教育者的生存、成长环境发生了巨大变化。而大环境的变化,已经深刻影响到学生的人生观、世界观,及其个人的学习观、发展观。现在的学生拥有更加便捷的与现实社会、虚拟社会对话的手段,具有更加独立的个性思维和表达方式等。但他们也存在接受知识不系统、思考问题不全面、写作能力在弱化等新的问题。对于这些新问题和新变化,作为教师需要妥善处理好教学与科研的关系,要始终坚持把人才培养放在首位,不断跟踪、及时发现学生思想、学习和生活中发生的细微变化,并善于根据这些变化来调整和完善教育与教学方法,引导和帮助学生更好地学习成长,真正发挥好教师作为学生思想成长和学习进步的引路者、服务者的主导作用。

新时代的新闻与传播教育,需要以习近平新时代中国特色社会主义思想和马克思主义新闻观为指导,紧跟时代与社会的发展步伐,善于关切"时代之问",回应"人民之问",不断破解发展难题,回答好"为谁培养人、培养什么人、怎样培养人"这几个基本问题。当前,高校新闻传播专业特别需要把课程思政、马克思主义新闻观教育、"三全育人"等这些重要环节和重点问题抓好抓实,努力使之产生行之有效的育人效果,这就需要新闻院校的教师真正做到"用心、用情、用智",尽可能因地制宜、因校制宜、因课制宜、因生制宜地探索与实践培育新闻与传播人才之路。

破解新时代新闻与传播教育面临的新问题，需要大家共同面对。但具体到每个院校的解决路径和方法则可以有所不同。在我国新闻与传播教育的体系和格局中，地方新闻院校是不可或缺的重要组成部分，他们承担着为地方新闻宣传部门，特别是基层新闻媒体输送新闻与传播专业人才的重要任务。如何为这些部门和单位培养一大批"用得上、干得好、留得住"的新闻与传播人才，需要地方新闻院校扬长避短，坚持走"特色化人才"培养路径，并努力实现内涵式发展，真正体现出服务地方经济社会发展与地方传媒业发展的功能及优势。

位于革命圣地延安的延安大学作为地方高校，近些年来在党和国家的关心、支持与指导下，教学科研和人才培养等方面都取得突破和发展，在全国，特别是在西部地区产生了重要影响。延安大学的新闻与传播专业虽然恢复重办较晚，但由于能够坚持挖掘红色革命传统，发挥延安地方特色，加之全国新闻院校的大力支援和鼎力帮助，近些年也实现了快速发展。如今，延安大学的新闻学专业已成为国家一流新闻学专业建设点。

延安大学与中国人民大学同根同源，前身都源自1937年在延安创办的陕北公学。1941年7月，中共中央政治局会议决定将中国女子大学、陕北公学、泽东青年干部学校三校合并，成立了中国共产党创办的第一所综合性大学——延安大学。延安大学的新闻教育在历史上有着良好传统。1946年9月，拥有"教师"和"报人"双重身份的著名教育家、报人李敷仁被陕甘宁边区政府任命为延安大学第四任校长。李敷仁在担任校长后随即作出在延安大学设立新闻班的决定，将搁置多年的陕甘宁边区新闻高等教育计划付诸实施。

1946年12月18日，延安大学在《解放日报》刊登《延安大学招生启事》，首次表明增设新闻班，并于当月开始招收新生。为了高起点地解决新闻班的管理问题，延安大学聘请时任新华社和《解放日报》副总编辑的范长江担任首任班主任。1947年3月25日，范长江在离开延安后从陕北瓦窑堡写信给延安大学李敷仁校长，信中说："延大新闻班一定要搞下去，因为在西北这样缺乏干部的地方，有一新闻班，至可宝贵。"这可以说明延安大学作为中国共产党创办的第一所综合性大学，其新闻班的开设在中共党史，以及党的新闻教育史上均具有不同寻常的意义。

延安大学新闻系主任郭小良老师多年来一直从事新闻教育、教学、科研和管理工作，积累了丰富的经验。由他本人主持的"陕甘宁边区新闻史——走进红色新闻历史现场"获批国家首批课程思政示范课程，"新闻调查实务"获批陕西省一流课程。他即将出版的这本著作，是他主持的国家哲学社会科学基金一段项目

序

《延安时期中国共产党新闻教育研究》的一个阶段成果,也是他立足地方新闻院校实际,探索新闻与传播教育的一部实践、反思之作。

我和郭小良老师相识多年,知道他这些年为延安大学新闻与传播教育的发展付出了许多辛劳,也目睹了他思想上、工作上和学术上的成长与进步,所以很为此书的出版感到高兴,并愉快地接受了为之作序的邀请。我想读者们如果能仔细阅读此书,应该会对你们做好当下新闻与传播教育有一定启发。

同时,我也真诚希望郭小良老师能够以此书出版为契机,继续扩大研究领域,深化研究成果,特别是要在挖掘延安红色新闻史料,总结延安红色新闻传统,研究延安红色新闻历史与当代思想、理论和精神传承方面,多下点笨功夫、苦功夫和深功夫,努力把延安时期党的新闻事业、新闻思想、新闻教育形成与发展的历史过程及其理论贡献,真正研究细、研究深、研究透,在新闻教学、学术研究和人才培养,以及院系建设方面作出更大努力和贡献!

当然,延安大学新闻教育这几年立足地方特色资源获得了长足的发展,特别是围绕反映马克思主义新闻观中国化历程的新闻历史现场、呈现马克思主义新闻观指导新闻宣传工作实际的新闻宣传实践现场、体现新闻宣传与社会互动的社会发展现场("三个现场")开展的特色鲜明、系统联系的马克思主义新闻观教育,在走进新闻历史现场开展临场化的新闻历史教学等方面已经给我们新闻传播教育带来很好的启发与借鉴。希望他们做得更好!

郑保卫

2022 年 9 月

(郑保卫系中国人民大学新闻学院博士生导师、广西大学特聘君武荣誉教授、教育部社会科学委员会委员兼新闻传播学科召集人)

目　　录

第一章　新闻传播教育对象的新变化 ………………………………… 1
1.1　屏幕依赖的新现象 …………………………………………… 2
1.2　手机依赖的新表现 …………………………………………… 16
1.3　创新能力培养的新挑战 ……………………………………… 25
1.4　写作能力提升的新问题 ……………………………………… 36

第二章　课程思政 ……………………………………………………… 46
2.1　课程思政的方法和路径 ……………………………………… 47
2.2　"四轮"驱动模式的构建与实践 …………………………… 54
2.3　红色新闻资源立德树人 ……………………………………… 60
2.4　专业社会实践资政育人 ……………………………………… 67

第三章　马克思主义新闻观教育 ……………………………………… 78
3.1　现状调查与问题分析 ………………………………………… 79
3.2　方法探索与路径选择 ………………………………………… 85
3.3　政治理论素质与人才培养 …………………………………… 88
3.4　"好记者讲好故事"走进课堂 ……………………………… 94
3.5　现场教学的"三个现场" …………………………………… 102

第四章　教与学的探索与实践 ………………………………………… 106
4.1　课堂教学：教育传播循环模式 ……………………………… 107
4.2　课内实践："课前十分钟" ………………………………… 115
4.3　课外实践：常态化实习 ……………………………………… 124
4.4　教学评估：过程性考核 ……………………………………… 133

参考文献 ………………………………………………………………… 140

后记 ……………………………………………………………………… 147

第一章　新闻传播教育对象的新变化

学生是教育教学的对象和主体,也应该是教师在职业行为中最应该关注的群体。做好新时期新闻传播教育的一切工作的前提都在于教师是否关注学生,了解学生的变与不变,这样才能实现"因材施教"的育人愿景,取得有效的育人效果。

新时代的大学生同网络与新媒体一同成长,在新旧媒介交接的十字路口,作为新兴媒介的各种屏幕媒介以更富冲击力的内容、形式吸引着网络"新 E 族",但作为"新 E 族"的大学生在媒介的使用上也表现出对屏幕媒介过分依赖的现实状况,并已经影响到自己的学习、生活。这是一个很有必要得到关注并予以引导解决的教育问题。

智能手机一方面给大学生带来了"智能化"的生活:他们通过智能手机接触了很多新媒体、新型支付方式和新型学习、生活方式,提高了日常生活与学习效率;另一方面,智能手机也消耗了大学生大量的时间,并在不断弱化他们的学习能力、系统思维能力、现实社会交往能力等。同时,屏幕依赖对新闻传播类专业大学生创新能力的负面影响也日益突出,深入探究其对学生创新能力的影响、探寻解决的方法路径是另外一个值得关注的方面。

在新闻传播类专业学生的专业能力构成中,写作是最基础、最重要的一部分。新闻写作能力是观察、思考、表现、评价等能力的综合体现,在新闻业务中占据着重要的地位。技术环境的发展、变迁打破了传统新闻写作模式,计算机与网络的发展和普及,加之过分的屏幕依赖给新闻传播类专业学生写作带来了一些不容忽视的问题,如书写能力、独立思考能力下降,作品同质化现象严重,虚假新闻增多等。写作能力培养是当代新闻传播教育一个需要引起高度重视的问题。基于网络技术环境下新闻传播类专业学生写作能力现状调查,探讨其写作能力存在的问题,提出提升其写作能力的路径与方法也是一个值得关注的问题。

1.1　屏幕依赖的新现象

电子媒介时代到来之后,屏幕一直是视觉传播系统的焦点。人类的日常生活形态与屏幕正在发生深度融合,屏幕日益构成人类社会的一种嵌入式存在,人们时刻处于屏幕的裹挟之中,须臾不可分离。"依赖"有两种解释:一是指依靠别人或事物而不能自立或自给,俗称"成瘾";二是指各个事物或现象互为条件而不可分离。我们主要把它作为一种问题行为来解释,这种依赖会对人产生不良影响,影响正常的学习、工作和生活。

世界是平的,更是"屏"的。"屏幕依赖症"是一种由于对电视、电脑、手机等屏幕媒介的过分依赖和迷恋而形成的一种"现代病",人们的注意力被屏幕霸占,对现实世界毫不关心,稍一脱离屏幕便会产生不适,缺乏安全感。"屏幕依赖症"是 E 时代的"世纪病",人们热衷于屏幕媒介,或主动或被动地成为屏幕的束缚者。

大学生同网络新媒介一同成长,在新旧媒介交接的十字路口,作为新兴媒介的各种屏幕媒介也以更富冲击力的内容形式吸引着网络"新 E 族",作为"新 E 族"的大学生在媒介使用上也表现出一些失范行为和现象。基于此,本节致力于探讨"新 E 族"大学生的屏幕媒介使用习惯和特点,并从认知层面出发,探讨大学生屏幕媒介依赖的现实状况及其影响。

以第一代苹果手机发售为起始点,智能设备等屏幕媒介及其相关软件开始在我国普及。麦克卢汉认为"媒介是人的延伸",从此观点出发,屏幕媒介作为人的延伸,拓展了一般人所能接触的信息范围,增强了人们所接触信息的生动程度,增加了信息的存储功能,也是个人体验极佳的信息传输工具。集便捷性、参与性与时效性于一体的屏幕媒介给人们生活带来极大便利,但因其娱乐化、碎片化及吸引力,使得"媒介化生存"成为人们忧心忡忡的议题。

伴随着新的媒介形态的出现,人机关系也出现了极大的变化,媒介的伴随性特征进一步加强,相关媒介依赖研究开始将主要研究对象聚焦在以手机为主的屏幕媒介依赖研究上。屏幕媒介是一种技术上的概念,指的是那些以电子屏幕为形式,呈现多样化内容的媒介,包括电视、手机、电脑、电子书等拥有电子显示器的媒介,这一系列屏幕媒介的数量和种类伴随着技术发展而不断地增加,逐渐占据了媒介的主导地位,与此同时,屏幕媒介依赖现象随之出现。

"屏幕依赖症"实质就是一种行为成瘾。概括来讲,它的特点就是反复出现、具有强迫性质的冲动接触行为,尽管成瘾者深知行为所产生的不良后果,仍执意坚持。在现阶段具体体现为使用时间与使用空间的失控。

据中国互联网络信息中心 2022 年 2 月第 48 次《中国互联网发展状况统计报告》,截至 2021 年 12 月,20~29 岁、30~39 岁、40~49 岁网民占比分别为 17.3%、19.9% 和 18.4%,高于其他年龄段群体。我国现在的大学生和研究生的普遍年龄为 18~27 岁,在屏幕媒介的使用群体中具有鲜明的代表性。

大学生屏幕媒介依赖的原因是多方面的,从社会环境与自身状况出发来分析,社会结构性压力下的浮躁风气,社会中屏幕媒介的使用悄然兴起,屏幕媒介及其应用开发的娱乐化倾向,网络与屏幕媒介的连通等因素都导致人们使用屏幕媒介依赖化。但屏幕媒介并不会直接导致依赖行为的发生,个人主观因素在依赖行为的产生中具有决定性的作用。

大学生在自我管理能力方面的缺失导致各种心理问题严重,这种因果现象被学者称为"心理断奶"。相关研究显示,"心理断奶"会直接导致大学生沉迷虚拟空间,进而逃避心理问题和现实困境,直接加深了大学生屏幕媒介的依赖状况。同时,复杂的媒介依赖诉求,特殊的个人心理特质也在屏幕媒介依赖的形成过程中起着重要作用。

当代大学生是真正意义上伴随着网络媒介成长起来的一代人,频繁的屏幕媒介接触行为已经成为一种习惯,基于此,他们的屏幕媒介使用行为体现出更加频繁化、持续化和失控化的趋势。

为进一步了解大学生目前的屏幕媒介使用情况,课题组在全国范围内开展了以"大学生屏幕媒介依赖状况"为题的实证调查,共收到问卷800份,其中有效问卷761份,占比95.13%。样本来自30个省、市、自治区、直辖市,其中年级比例为:大一学生349人,占比45.86%;大二学生150人,占比19.71%;大三学生113人,占比14.85%;大四学生106人,占比13.93%;研究生及以上学历学生43人,占比5.65%。

一、大学生屏幕媒介依赖现状

(一)屏幕媒介依赖现状描述

大学生屏幕依赖的表现是多样的,主要以心理上的失控和行为上的失控为主要表征。课题组以使用时间和使用空间上的难以自控现象,即"强迫性质的冲动行为"为"屏幕依赖症"的重要考量标准,分别调查了大学生屏幕媒介使用所体现出的心理和行为失控程度。

1. 屏幕媒介接触时间习惯

在屏幕媒介使用频次习惯调查中,15.24%的学生表示几乎每时每刻都在使用屏幕媒介,45.60%的学生称隔一段时间不自觉地要使用一次屏幕媒介(见表1-1)。

表1-1 大学生屏幕媒介使用频次

选项	人数/人	占比/(%)	
几乎每时每刻都在使用	116	15.24	60.84
隔一段时间不自觉地要使用一次	347	45.60	
只在需要的时候使用	264	34.69	
有固定的使用时间	34	4.47	

拥有屏幕媒介的大学生已形成了习惯性接触设备的潜意识动作。习惯性地使用屏幕媒介导致碎片时间的消耗。现阶段屏幕媒介使用状况已经不再是使用者利用碎片时间进行阅读、游戏或其他活动,而成了在碎片时间里下意识地打开屏幕媒介,这种漫无目的的使用对屏幕媒介的使用者而言缺乏效用。

几乎每时每刻都在使用和隔一段时间不自觉地要使用一次屏幕媒介的学生共占60.84%,其背后的原因是多样的,最重要的原因在于18~25岁是大学生角色混乱和自我同一性确定的时间段,即"第二心理断乳期"。这个时期大学生容易受到新生事物的诱惑、对事物缺乏辨别能力、自我控制能力差、意志力薄弱。仅从使用的频次上看,大学生明显受到了屏幕媒介的诱惑。

课题组调查数据显示,70.83%的大学生每天的屏幕媒介使用时间大于4个小时(见表1-2)。根据2019年全球数字报告,我国网民每天平均上网时间为5小时52分钟,考虑到网络与屏幕媒介的绑定关系,大学生使用屏幕媒介大都处在在线状态,因此他们对自己使用屏幕媒介的时间评估还是过于谨慎的。

表1-2 大学生每天使用屏幕媒介的时间

选项	人数/人	占比/(%)	
超过5个小时	319	41.92	70.83
超过4个小时	220	28.91	
超过3个小时	160	21.02	
超过1个小时	62	8.15	

2.屏幕媒介使用空间习惯

屏幕媒介依赖会导致大学生在屏幕媒介的使用过程中表现出不分场合的特点,边看手机边行走的情况在大学校园中也较为常见。

课题组调查数据显示,63.34%的大学生会不分地点和在比较固定的空间较多地使用自己随身携带的屏幕媒介(见表1-3)。这与60.84%的大学生屏幕媒介使用频次失控的情况相接近。

表1-3 大学生屏幕媒介使用空间习惯

选项	人数/人	占比/(%)	
不分地点使用,走路也会使用	142	18.66	63.34
在不固定的空间(例如马路)使用较少,在比较固定的空间(例如餐厅、教室)使用较多	340	44.68	
在比较固定的空间内使用	254	33.38	
有固定的使用地点,除此之外不使用	25	3.28	

时间使用习惯与空间使用习惯调查结果显示出较大比例的大学生使用屏幕媒介失控的情况,他们对屏幕媒介的使用具有强迫式不自觉的特点,"屏幕依赖症"的特征明显。

(二)屏幕媒介依赖与自控能力

"屏幕依赖症"最主要的症结,即自控能力,从自控能力的角度出发去观察调查结果,发现大学生的自控能力并非不变的,而是因时因地有所变化的。

几乎每时每刻都使用屏幕媒介的大学生中,90.52%的使用地点不固定,表示隔一段时间不自觉地要使用一次屏幕媒介的大学生中 70.61% 的使用地点不固定,表现出使用时间失控的比使用空间失控的可能性更高,此情况是失控者本身的自控能力较低导致的,而在大学管理相对宽松的环境下,刚从高中高强度管理下离开的大学生往往难以形成良好的自我管理能力和生活习惯(见图 1-1)。

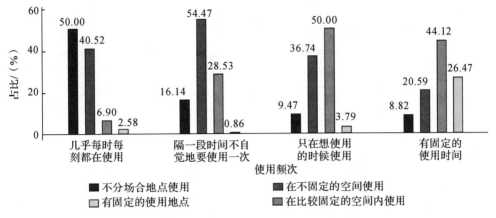

图 1-1 大学生屏幕媒介使用频次习惯与空间习惯交叉对比

随着年龄的增长,大学生群体逐渐适应大学环境,自控能力出现积极变化。失控者的屏幕媒介时间使用习惯和空间使用习惯呈现数量先减少再增加再减少的波浪起伏趋势,在大二阶段达到最低峰值,在大三阶段达到最高峰值,占总体数量的 50%~77%(见图 1-2 和图 1-3)。这一数据均高于 50%,说明大学生有着普遍且严重的屏幕媒介使用失控情况。失控的屏幕媒介使用习惯让大学生的生活节奏发生了重要改变。调查显示,75% 的大学生玩手机的时间超过正常作息时间。而其中用手机学习、做工作的不超过 3%。削减的睡眠意味着学习与工作效能的进一步下降,对于有着较为固定课程时间安排的大学生来说,无法自控导致的晚睡问题也造成严重影响。

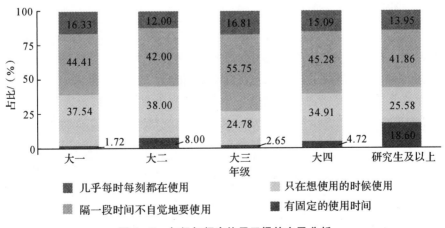

图 1-2 年级与频次使用习惯的交叉分析

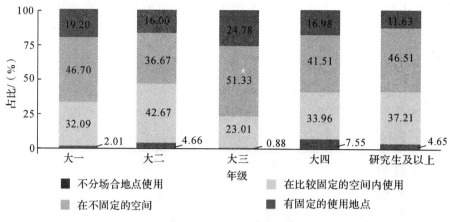

图 1-3　年级与空间使用习惯的交叉分析

图 1-2 和图 1-3 的数据显示,大学生使用屏幕媒介的自控能力在不断增长。有固定的使用时间和使用地点的人数比例在大一至研究生以上阶段呈现线性增长趋势,说明大学生在利用设定值的方法控制自己屏幕媒介使用的时间和地点,这显示出大学生有限制自己使用屏幕媒介的愿望,并对自己屏幕媒介失控行为有所察觉。

(三)屏幕媒介依赖的自我认知状况

相比在屏幕媒介使用的时间和空间上出现强迫性特点的 63%～70% 的样本比例,只有 54.53% 的大学生明确觉得自己存在屏幕媒介依赖情况(见表 1-4)。

表 1-4　大学生屏幕依赖的自我认知情况

选项	人数/人	占比/(%)
存在	415	54.53
不存在	222	29.17
不知道	124	16.30

但相比对自己的低评估,大学生对其他人的评估显得更为理性、严苛一些。72.01% 的大学生认为身边的同学有明显的屏幕媒介依赖现象,相比评估自己得出的 54.53% 高出 17.48%。在屏幕媒介依赖为负面评价的前提下,体现出"高估自己,低估他人"的心理倾向(见表 1-5)。

表 1-5　大学生对身边同学屏幕依赖情况认知

选项	人数/人	占比/(%)
存在	548	72.01
不存在	71	9.33
不知道	142	18.66

大学生"高估自己,低估他人"的心理态势直接影响着他们对于自己屏幕媒介依赖状况的感知。在认为自己存在屏幕媒介依赖状况的 415 个样本中,有 90.12% 的大学生认为他人亦存在屏幕媒介依赖状况;在认为自己不存在屏幕媒介依赖的 222 个样本中,51.35% 的大学生认为他人存在屏幕媒介依赖;在回答不知道自己是否存在屏幕媒介依赖的 124 个样本中,48.39% 的大学生认为他人存在屏幕媒介依赖。同理,在认为自己不存在屏幕媒介依赖的样本中,有较多人不认为他人存在屏幕媒介依赖,在选择不知道的样本中也有较多人不清楚他人屏幕媒介依赖状况(见表 1-6)。

表 1-6 屏幕媒介依赖自我评估与他人评估对比

自我评估	样本总人数/人	他人评估占比/(%)		
		存在	不存在	不知道
存在	425	90.12	3.61	6.27
不存在	222	51.35	23.42	25.23
不知道	124	48.39	3.23	48.39

综上所述,课题组判断,屏幕媒介使用者更习惯于认为周边的人群也存在和自己一样的屏幕媒介使用状况,而这种数据往往向着对自己有利的一面倾斜,体现出与"第三人效果"类似的心理态势。这种"高估自己,低估他人"的认知范式并不利于大学生认清现状。大学生发现自己存在屏幕媒介依赖状况之后,仍可能认为自己的状况远好于群体现状,随后置之不理,对于及时发现与纠正屏幕媒介依赖形成主观阻碍。

二、屏幕依赖的特征

对大学生群体来说,由于其追求新鲜刺激的群体特征,导致其沉迷于网络世界,可谓"一网情深"。我们从网瘾的界定,根据不同的自变量(性别、年龄、年级、专业),相同的因变量(接触屏幕时长)和其他的问卷数据来分析大学生屏幕依赖的特征。

1. 性别特征

性别的差异导致大学生对屏幕依赖的程度有所不同。女生每天接触屏幕时长 4 小时以上的人数占 81.67%,比男生高 11.96%;女生每天接触屏幕时长 6 小时以上人数占比 48.61%,比男生高 9.71%(见表 1-7)。由此可见,女生相较于男生屏幕依赖更为严重。

表 1-7 不同性别大学生接触屏幕的时长

人数/人	性别	接触屏幕时长占比/(%)	
		≤4 小时	≤6 小时
165	男	69.71	38.90
360	女	81.67	48.61

女生相较于男生更喜欢通过网络与老师进行沟通(见图 1-4)。在关于不同互动方式的使用研究中,女生更喜欢通过网络互动沟通的方式来达到建立社交关系的目的和满足需求。

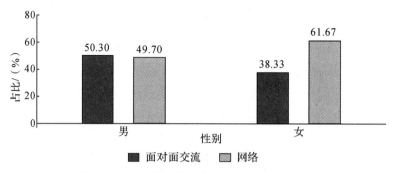

图 1-4 不同性别的大学生与老师的交流方式

2. 年龄特征

不同年龄段的大学生对屏幕依赖程度存在明显差异。课题组将学生年龄分为四个阶段，其中 15~20 岁的学生每天接触屏幕时长 4 小时以上的占比 70.79%，6 小时以上的占比 39.82%；21~25 岁的学生每天接触屏幕时长 4 小时以上的占比 80.26%，6 小时以上的占比 46.84%（见表 1-8）。

表 1-8 不同年龄段大学生接触屏幕的时长

人数/人	性别	接触屏幕时长占比/(%)	
		⩽4 小时	⩽6 小时
113	15~20 岁	70.79	39.82
395	21~25 岁	80.26	46.84
11	26~30 岁	81.81	45.45
6	31 岁及以上	50.00	50.00

15~20 岁、21~25 岁的学生认真听讲的分别占比 46.90% 和 33.16%（见图 1-5）。数据分析可知，15~25 岁阶段的学生屏幕依赖严重，其中，21~25 岁的学生屏幕依赖较 15~20 岁的学生屏幕依赖更为严重。

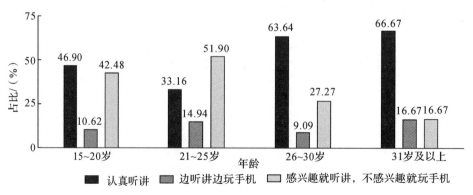

图 1-5 不同年龄段的大学生上课听讲的情况

3. 年级特征

不同年级的大学生在屏幕依赖的程度上也有所不同。年龄特征和年级特征在屏幕依赖程度上具有交互性,大一到大四的学生每天接触屏幕时长 4 小时以上的比例呈逐年级递增趋势,研究生接触屏幕时长有所回落。每天接触屏幕时长 6 小时以上的大三及以上的学生较大一、大二学生接触屏幕时长更长,由此说明大学高年级学生较低年级学生屏幕依赖更为严重(见表 1-9)。这样的数据结果和不同年龄段的大学生屏幕依赖状况较为吻合,结论基本一致(见图 1-6)。

表 1-9 不同年级大学生接触屏幕的时长

人数/人	年级	接触屏幕时长占比/(%)	
		≤4 小时	≤6 小时
94	大一	69.15	39.36
51	大二	72.56	31.38
97	大三	75.25	48.45
243	大四	84.36	48.56
29	研究生	75.87	51.73

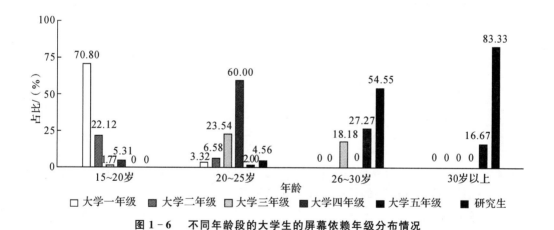

图 1-6 不同年龄段的大学生的屏幕依赖年级分布情况

4. 专业特征

不同专业的大学生在屏幕依赖上存在差异。每天接触屏幕时长 4 小时以上的理科学生占比 72.39%,工科学生占比 74.58%,文科学生占比 85.09%;接触屏幕时长 6 小时以上的理科学生占比 43.29%,工科学生占比 39.83%,文科学生占比 48.69%(见表 1-10)。数据可见,文科学生接触屏幕时长占比明显高于理工科学生,文科学生屏幕依赖较严重。

表 1-10 不同专业大学生接触屏幕的时长

人数/人	年级	接触屏幕时长占比/(%)	
		≤4 小时	≤6 小时
134	理科	72.39	43.29
118	工科	74.58	39.83
228	文科	85.09	48.69
16	艺术类	75.00	56.25
29	其他	52.07	44.83

三、屏幕媒介依赖对大学生的影响

(一)屏幕媒介依赖与生活

如同"双刃剑"一样的屏幕媒介扩大了大学生在社会和网络中的节点作用,大学生可以利用这个节点为自己带来信息和服务,但同时也将大量的时间和精力花费在屏幕媒介上,这种交换带来了进步,也造成了问题。毫无疑问,屏幕媒介确实不同程度地影响着每一位大学生的学习与生活。

表 1-11 大学生生活受屏幕媒介的影响

选项	人数/人	占比/(%)
受到了巨大影响	177	23.26
受到了一定影响	421	55.32
受到的影响较小	140	18.40
丝毫不受影响	23	3.02

超过 97% 的大学生认为屏幕媒介对自己的生活有影响,说明大学生整体上对学习、生活和屏幕媒介间的冲突有了一定的认识但却不能自我调适。

(二)屏幕媒介依赖与屏幕媒介用途

课题组在屏幕媒介的选择上共给出四个选项,手机类、个人电脑类、电视以及其他项。考虑到预装安卓与 iOS 系统的平板电脑的实际功能与操作方式与手机一致,因此将其归为手机类,将预装 Windows 系统的平板电脑归入个人电脑类。其中手机类样本数 697,占比 91.95%;个人电脑类样本数 303,占比 39.82%;电视样本数 68,占比 8.94%;其他项样本数 8,占比 1.05%,具体填写内容为投影仪、Kindle 电子书等。第 43 次《中国互联网发展状况统计报告》显示,手机上网的网民比例高达 98.60%。本次调查的手机使用倾向与之相近,而其他屏幕媒介也并不是没有产生实际影响,仍然有超过 1/3 的大学生经常使用电脑。统计结果反映出大学生在使用屏幕媒介时具有多样化需求,电脑、电视、电子书等屏幕媒介仍占有一席之地。

在大学生屏幕媒介使用的主要目的上,问卷设娱乐、学习、工作需求、开展社交活动等选项。结果显示,娱乐样本数638,占比83.84%;学习知识样本数569,占比74.77%;工作需求样本数343,占比45.07%;开展社交活动样本数403,占比52.96%;消磨时光样本数369,占比49.8%。其中娱乐与学习知识的占比远超其他几项,同时也体现出大学生在屏幕媒介使用时的主要目的并非完全娱乐,其他各项占比体现出屏幕媒介使用的多样化状况,屏幕媒介已经成为真正意义上的辅助大学生进行工作和学习的工具。

同时,娱乐与消磨时光两项占比也并不乐观,大学生通过屏幕媒介娱乐来充实被课业和工作分割的时间块,意味着系统化阅读的减少和体验活动的被替代。缺乏制度化的网络交往与现实交往间的差距较大,长期使用屏幕媒介会使得大学生的实际交往能力下降,情商下跌,对于大学生的社会化生存具有潜在不利的影响。

屏幕媒介的使用覆盖大学生生活的方方面面,体现出"媒介化生存"的特点。尼葛洛庞帝在《数字化生存》中提出,人类社会新的发展形态即是向着"0"和"1"的数字化,而屏幕媒介则为这种数字化发展提供了更为便捷的工具。屏幕媒介的使用使得大学生也能够以比特编码,大学生也从社会化走向了数字化,这是一种技术意义上的进步,但对大学生个人而言,一个数字化的自己在当前技术水平下并不能够完全实现现实中自己的理想。

(三)屏幕媒介依赖与学习

在心理与行为失控的影响下,大学生的注意力流失成了课堂的主要问题,频繁的刷屏行为直接影响学生学习,也扰乱了课堂秩序。

在屏幕媒介的使用频繁程度上,41.13%的大学生选择了使用屏幕媒介的间隔小于30分钟,使用频次保持在一个对学习、工作影响较小的程度内,注意力可以摆脱屏幕媒介的限制,保持在某种其他活动上一段时间。但是也有58.87%的大学生表示使用屏幕媒介的间隔在10分钟之内(见表1-12)。

表1-12 大学生屏幕媒介的使用间隔情况

选项	人数/人	占比/(%)	
使用屏幕媒介的间隔小于2分钟	72	9.46	
使用屏幕媒介的间隔小于5分钟	167	20.63	58.87
使用屏幕媒介的间隔小于10分钟	219	28.78	
使用屏幕媒介的间隔小于30分钟	313	41.13	

使用间隔短、频次过高,也就意味着大学生以频繁观看屏幕的形式消耗了大量的时间,不论每次使用屏幕的时间长短如何,频繁使用屏幕媒介必然导致时间的消耗,同时也伴随着注意力的分散、精力的减弱。

调查发现59.20%的大学生在课堂使用手机的时间占课堂时间的40%以下,有15.5%的大学生在课堂使用手机的时间超过课堂时间的60%,若超过课堂时间的一半都在使用手机,做与课堂无关的事情则必会对课堂学习造成极大的负面影响。有研究调查了学生45分钟课堂注意力的情况:上课伊始学生注意力较集中,15分钟以后会不断下滑,一直到下课前10分钟又开始回升。在手机的干扰下,学生在课堂上更容易分散注意力。

即使课堂禁止学生使用屏幕媒介,也未必是有效的。研究表明,大学生屏幕媒介使用过程中不仅仅会产生屏幕媒介依赖,还会衍生出"无屏幕焦虑症"。在屏幕媒介不在身边时,患有"无屏幕焦虑症"的大学生会表现出情绪上的紧张不安和注意力的极大流失。对于个人而言,这种症状的出现会导致一般生活学习的失控,而在公共场合发生时,也会引起周边人群的躁动不安。

67.41%的大学生表示没有屏幕媒介的状态下,可以正常学习工作,甚至完全没有影响(见表1-13)。相对于上文中近60%的大学生在课堂上不停玩手机的情况,禁止使用手机显得非常直接有效,至少可以保证在上课期间学生们不会因为屏幕媒介而分散注意力。同时仍有32.59%的学生会因没有屏幕媒介而感到焦虑,虽然对于其他学生而言,禁止使用屏幕媒介会产生一些好的效果,但是具有严重屏幕依赖的学生却因存在"无屏幕焦虑症",难以通过简单的禁止方式予以帮助。

表1-13 大学生无屏幕媒介状态下的焦虑程度

选项	人数/人	占比/(%)	
感到十分焦虑,精神难以集中	87	11.43	32.59
感到焦虑,影响正常学习生活	161	21.16	
可以正常学习工作,影响不大	448	58.87	67.41
没有影响	65	8.54	

(四)屏幕媒介依赖与情绪

屏幕媒介本身对于大学生的心绪有影响,即心理失控。而屏幕媒介本身所造成的失控程度调查结果也并不乐观。大学生日常表现出的情绪当中,也受到了屏幕媒介信息的影响。

样本中,情绪受到屏幕媒介内容影响的大学生数量为680人,占总人数的89.35%(见表1-14)。屏幕媒介内容对于大学生的心绪影响较大,虽然略低于屏幕媒介本身对于大学生的影响,但其数值相差较小。据研究,大学生群体的手机成瘾倾向程度越深,越容易削弱表达正面情绪的能力和调节负面情绪的能力,且情绪调节自我效能感较差的个体更容易出现焦虑、抑郁、易怒等症状。手机成瘾会导致个体自控能力降低,影响个体的情绪调节自我效能感。此外,情绪调节自我效能感较差的个体容易产生负性情绪,引发一系列消极影响。

表1-14 大学生日常情绪受屏幕媒介信息影响程度

选项	人数/人	占比/(%)	
情绪受到屏幕媒介信息左右,影响严重	52	6.83	
情绪受到屏幕媒介信息影响较大	173	22.73	89.35
情绪在一定程度上受到屏幕媒介信息的影响	455	59.79	
情绪完全不受屏幕媒介信息的影响	81	10.64	

(五) 屏幕媒介依赖与大学生的社交

在现代社会当中,人们在屏幕媒介上使用即时通信工具进行交流和沟通已经成为趋势。便捷快速、跨越空间和可存储的数据使交流更为方便,也更为简单,但当面交流仍然具有不能替代的作用。

数据显示,31.54%的大学生更倾向于使用屏幕媒介开展人际交往,另有52.82%的大学生表示使用屏幕媒介使社交途径发生了改变(见表1-15)。社交方式上,大学生对于关系越亲近、联系越紧密的人,选择"现实交流"的方式(打电话、发短信)可能性较大,对关系一般或者较疏远的人,"虚拟交际"(社交软件交流方式)则是首选。

表1-15 屏幕媒介对大学生社交活动的影响

选项	人数/人	占比/(%)
倾向于使用屏幕工具进行交流	240	31.54
一定程度上改变,并未放松原有的交流方式,增加了媒介工具交流	402	52.82
屏幕工具交流只是现实交流的延伸,除了方式变化外,几乎无改变	105	13.80
毫无改变	14	1.84

这可能与大学生所处的环境有关。大学生在校园时,其直系亲属或者以前的好朋友一般并不在身边,这就使得部分联系紧密的人也难以通过选择"现实交流"进行联系。同时,由于身处包括学校、班级、社团在内的各种圈子当中,大学生往往选择通过"虚拟交际"与他人进行交流,因此会表现出较高水平的屏幕媒介社交活动倾向。

但面对面交流的减少对大学生而言并不合适,孤独的人际氛围不利于他们交流和观察能力的增长,对于他们即时的语言组织表达能力的提升并不友好,长此以往所形成的特殊性格对个人的社会化也会形成阻碍。

(六) 屏幕媒介依赖与知识获取

在对知识获取渠道的调查中,采取排序题形式进行考察,对五个选项的平均综合得分进行计算[平均综合得分=(Σ频数×权值)/本题填写人次,见表1-16]。

表1-16 屏幕媒介对大学生获取知识的影响

选项	平均综合得分/分
一般引擎搜索查询(百度)	4.26
询问身边的朋友	3.27
网络专业领域查询(知网)	2.59
询问专业知识人员(如教授)	2.39
前往图书馆查询	1.76

根据选项得分可以发现,大学生更多地选择了通过网络获取知识,而作为教育资源的教师和图书馆则被排在了网络和朋友之后。图书馆作为知识库的便捷性相对网络显得被弱化,而

且更多网络智库的建立使得前往图书馆进行信息查询的必要性在逐步下降。

大学生身处在较好的知识环境之中,却缺乏对于校园教学资源的有效利用,举例来说,某校调查影响读者较少利用高校图书馆资源的原因时,有33%的被调查者回答网上可以获取,一半以上的被调查者是因为图书馆缺少他们想看的书,才不去高校图书馆借书,14.63%的学生觉得高校图书馆图书破旧。

依赖商用搜索引擎查询到的信息往往伴随着广告成分、偏见、谬误甚至是谣言。同时,通过网络引擎查询到的知识是零散化的,并不利于大学生进行系统的、深入的了解和学习。这与大学生的屏幕媒介使用习惯有紧密关系,在大学生的学习生活过程中,陪伴在他们身边最多的是手机、电脑,这些屏幕媒介的双向连通器作用正在逐步取代大学生生活中线下的师友、同学、工具书、图书资料文献在知识层面的传输与连接作用,虽然这种连通所带来的知识具有不确定性,有时甚至是娱乐性的,但这却符合大学生使用屏幕媒介依赖的习惯,也更为他们所喜爱。

四、结论与建议

1. 结论

在现阶段调查中对于大学生的屏幕媒介使用可以得出以下结论:

大学生的屏幕媒介使用依赖情况普遍存在,而依赖屏幕的人更倾向于认为别人也是屏幕依赖者,这种自我服务式认知对于大学生正确把握的屏幕媒介接触行为不利。

大学生的屏幕依赖对于他们自己有着相当程度的影响,大量的时间被消耗在屏幕媒介上,而这种消耗并不可能都是知识汲取,而更多可能的是娱乐和消磨时光,长期沉迷屏幕使大学生的自我管理能力受到很大损害,也让他们的精神和情绪受到影响,对于大学生的日常学习生活影响较大。

在更多使用屏幕媒介进行社交和学习的过程中,自主的权利被赋予大学生,而在更多的学习渠道展开时,他们因屏幕媒介而更多地放弃了图书馆和教师这样的优质学习资源,虽然大学生也体现出一定的自我改善倾向,但是这种倾向在目前引发的直接行为显然较少。

大学生使用屏幕媒介导致他们的心理和行为都出现了一定的失控情况,也就是说在大学阶段的他们,屏幕媒介的依赖是普遍存在的。大学生展现出了对自身的社会化和个人发展极为不利的屏幕媒介依赖状况。

2. 建议

(1)树立学习目标,减少行为失控

大学生的屏幕媒介依赖症状为过度使用,即行为失控和心理依赖。

一是针对行为失控,应当减少大学生屏幕媒介使用的频率,而主要的做法不仅仅是单纯的削减和控制,同时也要增加其他有益身心健康的活动。生活的形式是多样的,大学生应当积极参与各类社会实践活动,增加社会阅历和生活经验,自然而然地减少屏幕媒介对学生时间和空间的占有支配。

二是大学生应当为自己树立目标。研究显示,现阶段有目标的大学生占75.16%,无目标的大学生占24.84%,其中无目标的原因前三位是迷茫、经历少、觉得为时尚早,没有目标的大学生缺乏学习或实践的动力。在校学生应尽早为自己确立方向和目标,并付诸行动,充分利用课余时间,从而减少对屏幕媒介的依赖,积极达成既定目标。

(2)强化心理疏导,减少心理失控

一是对于已经有屏幕媒介依赖行为、并存在"无媒介焦虑症"的大学生而言,简单的切断和替代并不能在短时间内改变屏幕媒介严重影响生活的状况。处于这种状况中的大学生往往伴随着不良情绪排遣和感情的诉求需要,一定的心理疏导对于他们具有非常重要的意义,在心理疏导基础上,帮助他们融入积极向上的群体,并鼓励其参与更多的活动。同时,要适当地进行行为干预,从而使大学生逐渐摆脱屏幕媒介的依赖。

二是适当地教育与宣传"心理断乳期"概念,正确认知屏幕媒介和大学生生活学习的关系,这对于大学生形成正确的屏幕媒介依赖认识具有重要作用。只有正确的认知和修正,屏幕媒介依赖状况才能得以改善。

(3)提高大学生的媒介素养

早在1992年美国媒体素养研究中心就将媒介素养分为对信息的选择、质疑、理解、评估、创造和生产能力以及思辨的反应能力。

在现阶段,大学生在与屏幕媒介的交互中逐渐失去主动权,成为媒介信息的附庸。在大数据和算法推送的信息所构筑的信息场域中,大学生的信息选择权利正在被不断剥离。符合个人兴趣所在的大量信息也削弱了个人的评估及思辨能力,大学生的媒介素养在不知不觉中下降。在这种追逐绝对的信息服务中,大学生对屏幕媒介的依赖只会在屏幕媒介及其内容生产商的主导下加深。

摆脱这种被动的屏幕媒介使用状况是脱离屏幕媒介依赖的重要一步,在认识到屏幕媒介"双刃剑"性质的同时,提升大学生的思辨能力,提高大学生的媒介素养,让他们能够自主地对屏幕媒介及其内容进行评估和研判,选择对自己最有利的使用方式。在突破算法传播局限的同时,也将自己切实地再定位为屏幕媒介的主人,摆脱屏幕媒介依赖。

(4)学校应加强校园文化的建设,增强线下活动的黏性

从调查结果上来看,大学生在使用屏幕媒介时的强迫性主要原因在于其失控,而简单地加以控制并不能覆盖所有人群,但这种控制影响仍然是有必要的。

学校作为教育的组织方和学生的管理方,应当对大学生的屏幕媒介依赖状况保持警惕,以使用屏幕媒介进行教育的方式改善课堂秩序的方法并不会真正地改善大学生的屏幕媒介依赖状况,对课堂秩序的改变也不明显。无屏幕课堂的存在仍然是有必要的,教师对于自己的课堂应当科学设计,不能放任屏幕媒介在课堂上继续影响学生的学习。

同时,学校要具备能够支持大学生一般娱乐、学习、工作等需求的物理场域、空间,学生家长、学校可以为学生提供更为丰富的生活形式。推崇多样化生活的大学校园和家庭生活对于学生自己形成个性化的生活习惯和兴趣爱好具有重要作用,丰富多彩的生活也能将大学生从屏幕媒介的依赖中解放出来。

(5)大众传播媒介进一步优化传播内容

增加严肃健康有益内容的体量,使获取严肃内容成为屏幕媒介使用中重要的一环,减轻娱乐化内容带来的浮躁风气和沉迷倾向,对大学生提升自我、改善屏幕媒介依赖状况有着重要意义。屏幕媒介及其内容的生产者应当担负起社会责任,给用户提供不让人舒服的"加餐",打破极富黏性的信息环境,帮助用户摆脱对屏幕媒介信息的不自觉依赖。

1.2 手机依赖的新表现

随着数字技术和人工智能的不断发展,智能手机进入高速发展时期,并不断更新换代,被人们越来越广泛地使用在媒介化生存的现实中,扮演着愈加重要的角色。中国的智能手机用户数量逐年递增,使用智能手机上网的用户接近手机用户的九成。这也是在第一节对屏幕依赖做了考察分析之后,具体讨论大学生手机依赖问题的重要社会背景和原因。

智能手机在拥有了云服务后可以称得上是一台"微型电脑"。一方面,它的发展给当代大学生带来了"智能化"的生活体验,深刻影响着他们的社交方式、行为方式、学习方式、生活方式。另一方面,智能手机的过度使用也导致当代大学生中手机依赖症群体的出现,影响着大学生专业能力的发展。课题组通过对新闻传播类专业大学生群体进行问卷调查,旨在发现其手机依赖主要表现,探究该依赖行为与大学生人际交往、创新能力培养之间密不可分的关系,并尝试提出缓解手机依赖的对策。

智能手机的确给包括新闻传播类专业大学生在内的大学生带来了"智能化"的生活:他们通过智能手机接触了很多新的传播形态、新型支付方式和新型学习方式,提高了日常生活的便捷性与学习效率。很大程度上方便了新闻传播类专业学生在学习过程中接触媒介,为理论学习与媒体实践结合提供了便利。然而,智能手机也消耗了大学生的大量学习时间。不同以前的是,他们习惯用微信联络他人,经常低头浏览手机信息,因此出现了"低头族"这样的网络词汇和它所代表的特殊群体及其典型行为。这说明新闻传播类专业大学生的生活因智能手机的存在而与从前的生活模式已经大有不同。同时,智能手机的深度介入也衍生出了淡漠人情、沉迷网络、丧失注意力、增加疲劳感、缺乏创新能力等不容忽视的负面影响,并且这一些问题正在成为当代大学生的共性问题。

一、手机依赖的具体表现

手机依赖症是指对手机的过度依赖,已经达到了一种病态的状态,属于焦虑症的范围。针对这一问题目前还未有一个权威的定义。手机依赖症是一种新型心理疾病,尤其发生在青年白领女性、业务担子重的中年男人和学生三类人。

的确,对任何事物的过度依赖最终都会导致一种病态化的心理状态,手机依赖症也不例外。在新闻传播类专业大学生群体中,绝大多数人每天以手机为伴,通过智能手机浏览网页,通过APP进行网络社交和娱乐,将手机当成生活中不可或缺的一部分。久而久之,离开手机会使他们产生焦虑感,进而导致"手机依赖症"这种心理问题的出现。

根据张文平的《新闻传播类专业大学生手机依赖症心理原因及防治对策》(2016年)一文,课题组对手机依赖症表现的论述做出总结,如果新闻传播类专业大学生在日常生活中出现以下三种情况,便可能患有"手机依赖症":一是没带手机就会十分烦躁不安,心里惦记,导致无法全心投入学习;二是一段时间手机铃声不响或到了一个新环境,会下意识地看手机;三是经常熬夜玩手机,睡觉也开机。

为了深入探究、研判新闻传播类专业大学生群体在智能手机使用上的特点和行为,以及对日常生活的影响,课题组设计调查问卷进行相关现象的调查分析。本次调查调研对象包括国内"双一流"院校新闻传播类专业大学生和其他地方院校新闻传播类专业大学生。

调查发现当今大学课堂氛围正在因为手机依赖症发生改变。有49.8%的新闻传播类专业大学生表示上课或学习时发现自己忘带手机会有焦虑感,甚至有13.3%的新闻传播类专业大学生感到非常焦虑,确认自己不会感到焦虑的新闻传播类专业大学生仅占11.1%,充分说明学生对手机的依赖已经成为一种不自觉的行为,手机与人的伴随性关系在新闻传播类专业大学生身上表现得很也典型(见图1-7)。

图1-7 新闻传播类专业大学生脱离手机产生焦虑程度的占比

72.6%的大学生表示到了一个新环境会优先选择看手机,仅3.0%的人确定不会看手机,说明新闻传播类专业大学生可能普遍存在一定的由于手机依赖而形成的社交恐惧感(见图1-8)。在虚拟空间交往的习惯已经严重影响了学生在现实社会中的交往意识和能力,从根本上不利于对"未来记者"职业素养的培养和提升。

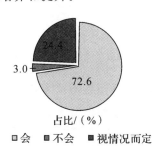

图1-8 新闻传播类专业大学生在新环境中使用手机行为的占比

新闻传播类专业大学生在手机无铃声、无信息情况下的每小时滑屏次数,呈现两极对立现象:要么不滑或少滑,要么频繁滑屏。有34.8%的新闻传播类专业大学生至少每4分钟滑一次屏,对手机的接触和使用已经成为一种不自觉的行为和难以改变的习惯(见图1-9)。然而,这种习惯却在分散着学生学习的注意力,不同程度影响学习的效果和质量。

新闻传播类专业大学生普遍不注重夜晚规律作息,而手机的使用是一个重要干扰因素。参与调查的90.3%新闻传播类专业大学生承认自己因为玩手机熬过夜,表示自己睡觉不关机的人数也占比63.7%(见图1-10、图1-11)。手机也严重影响了学生的作息习惯,进而威胁身体健康,降低学习效率。

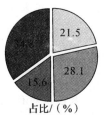

图1-9 新闻传播类专业大学生每小时平均滑屏次数占比

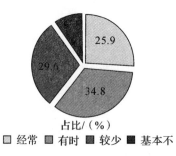

图1-10 新闻传播类专业大学生熬夜玩手机的情况

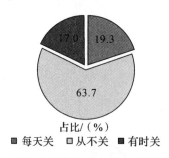

图1-11 新闻传播类专业大学生睡前关机的情况

综合上图数据可推断,超过60%的新闻传播类专业大学生有典型的手机依赖症症状,依赖程度较为严重的人约占30%,已经影响到学生的身心健康和学业发展。

二、手机依赖的成因

"外向的孤独症患者"是很多新闻传播类专业大学生对自己的"评价"。对于当今社会来说,没有良好的沟通能力,可能相当于性格上的亚健康。新闻传播类大学生本来应该相对于其他专业来说,更加有积极的社交行为和交流意愿,但现实却不尽如人意。可以从手机依赖的角度探寻问题的成因。

(一)学业压力和抗压能力

新技术革命带动了整个社会的高速发展。社会的经济环境给新闻传播类专业大学生带来了一定的压力:升学、考证、找工作……可以说,他们还没有做好步入社会的准备,这种无形的危机感又使他们不同于二十世纪六七十年代的大学生,幼时长久的孤单和溺爱式教育使他们不如老一辈人那般肯拼搏、肯吃苦。虽然新闻传播类专业大学生所处的"特殊"社会地位,具有较高的文化素质,但由于生活阅历有限、实践能力不强、与社会发展现实有一定的距离,使得他们在谈论、评价、思考社会问题时,往往带上理性的色彩,但不能十分切合实际,他们对事物的认识,也表现出一定的片面性和肤浅。

同理,对于手机,他们还不能深刻、准确、全面地认识其对自身带来的影响。这种认识能力上的不足与极强的自我观念不相协调并产生强烈对抗后,大学生便努力在虚拟空间寻求自我认同,容易导致其具有"手机依赖症",使他们一遇困难和挫折更愿意去虚拟空间寻求慰藉。

(二)成长缺陷与缺陷依赖

新闻传播类专业大学生大部分都是在网络虚拟环境的影响下成长起来的网络原住民。他们没有父辈读书、看报、听广播、看新闻的媒介接触习惯,而是选择上网浏览网页,享受"快餐文化"带来的快感,对一切新奇的事物充满了兴趣。他们多为独生子女,但是独立自主的能力并不强。因为父母大都是上班族,他们幼时成长陪伴缺失,同时也缺乏成长过程中的倾诉对象。这种长久的孤单和溺爱式教育使他们优先自我感受,自我观念强烈,个性鲜明。

由于新闻传播类专业大学生特殊的成长环境以及天生的性格因素,不习惯人与人之间面对面的交流模式。面对陌生人的时候,往往会无所适从,产生焦虑感,宁可在网络平台上倾诉,也不愿开展线下的社会交往,这就是典型的社交恐惧症的表现。在这种情况下,就不难理解他们将生活的重心、交流的重心大部分放在手机上的心理倾向和行为选择。

(三)心理动因与接触动机

媒介接触的心理动因是媒介使用行为的决定性因素。新闻传播类大学生的媒介接触心理动因主要有以下几个方面:

一是从众心理。从众心理指个人在受到他人或群体一致性压力影响下选择遵从于公众舆论或大范围人意见的心理,俗称"随大流"。新闻传播类专业大学生的群体认同诉求导致其行为从众。很多学生一开始玩手机的初衷并不是自己真的需要玩,而是"别人玩我也玩",严重者会发展到互相攀比手机。

二是猎奇心理。当代新闻传播类专业大学生是在网络影响下成长起来的一代,对新事物的接受能力非常强,喜欢寻求不同寻常、有新鲜感的事物,思维活跃,学习能力也很强,经常求新、求变,并且善于从网络上接受各种信息、学习新知识。

新闻传播类专业大学生智能手机的功能实现很多,信息涵盖范围较广,但是用途较为单一,主要集中在通信和娱乐两大类。这种现象说明他们已不再单纯地满足于手机的传统通信功能,而是开始重视发掘手机的娱乐功能(见图1-12)。他们浏览最多的信息并非全是与学习有关的内容,趋乐意识容易使新闻传播类专业大学生不自觉地迷失在信息海洋中。使用智能手机的大部分时间用在"玩"而不是"学"上,最终形成"信息接收多了,而知识面却窄了"的矛盾现象,并加深手机依赖程度。

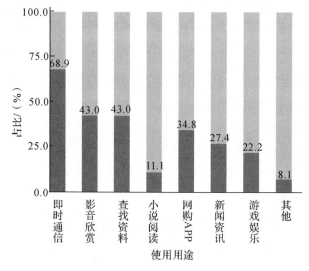

图 1-12 新闻传播类专业大学生使用手机的用途

三是排遣不良心理。有人形象比喻大学生时期为人生的"第二个断乳期"。离开了从小到大关爱自己的亲人,独自处理各种生活和学习中的问题,进入大学的初期并不能完全适应大学生活。部分大学生在这种不断适应的过程中产生厌学情绪和无聊感,通过玩手机来排遣不良心理的现象就比较常见。

(四)社会环境与手机使用

社会环境能对一个群体产生潜移默化的影响,对于新闻传播类专业大学生群体亦是如此。调查发现17.8%的大学生在平时上课时发现有几个同学玩手机;69.6%的大学生表示上课玩手机的同学比较多;有10.4%的大学生认为上课玩手机的同学特别多,甚至产生自己不玩显得另类的想法;仅有2.2%的大学生确定自己身边基本没有玩手机的同学(见图1-13)。由于缺失科学的引导和干预,趋同的手机使用观念和行为在进一步强化大学生的手机媒介使用态度和行为。

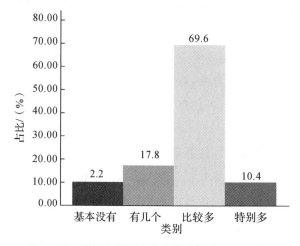

图 1-13 新闻传播类专业大学生课堂玩手机情况

大学生身处信息爆炸的环境中,当他们已经适应了学习、生活环境的时候,也会不自觉地倾向成为信息的发布者和传播者。在社交工具的终端,这些大学生组成了坚实的群体,也许他们并未跟现实接触中的人进行网络聊天,但是拿着手机、滑动着屏幕渐渐成了改不掉的习惯。缺乏内容、意义和思想的频繁传受对于学生成长来说缺乏建设性意义。

三、手机依赖的负面影响

在科技不断发展的今天,智能手机被越来越广泛地使用,在为新闻传播类专业大学生群体带来便捷的同时,也带给他们一些负面影响。

(一)交往方式的改变

人与人之间的交往不仅仅是面对面的语言性的交流,它更是一种情感的交流。而智能手机的出现实实在在地改变着当代大学生的交往方式和情感交流的方式。手拉着手、肩挨着肩、促膝长谈现如今逐渐转移到手机屏幕中。透过冰冷的手机屏幕,发文字、发语音,通过表情包来表达自己的喜怒哀乐,实现自己所期望的传播效果和交流目的。

这种大环境下造成的典型问题便是社交恐惧。大学生处在陌生环境会感到害怕和焦虑,所以在面对社交活动时亦比较抗拒,会表现出不安的情绪。在这种不良情绪的支配下,学生为了规避这种状态,会下意识看手机,转移注意力。

缺乏现实世界交往的大学生往往眼界不够开阔,思维方式不成熟,在学习生活中难以形成做出创新成果的应有素质和能力,最终易陷入一方面好高骛远,另一方面创新能力严重不足的恶性循环。具体将在第三章进行论述。

(二)行为方式的改变

行为方式最明显的影响是学生在依赖手机的过程中被物化,缺乏基本的判断能力和认知能力,主要有四种表现:

一是人的需要被物化了。对于物质的需求远远超过了精神需求。严重者会没有任何精神追求,遇到挫折容易产生放弃甚至轻生念头。二是人的能力被金钱化了。金钱至上的理念超越了其他一切,以金钱多寡"论英雄"。三是人的关系被网络通信关系弱化了。在有些人身上,现实中的真情实感都被迁移到虚拟世界,现实中其实互不认识。四是人的价值得不到应有的尊重。具体的价值标准评判包括学生的基本需求、合法权益、独立人格等。有些学生为了暂时的消费享受选择网络"裸贷",过分高估自己对金钱和物质的承担能力,罔顾自己的隐私权和名誉权。

这种被手机"物化"的影响在新闻传播类专业大学生群体身上的表现为:一是做作业功利化,拿到作业的第一反应是去网上找资源;二是重结果轻过程,上课不积极,依靠考前速背通过考试,有的新闻传播类专业大学生甚至利用手机舞弊,造成诚信危机;三是不求甚解,平时很少问为什么,考试拿了高分也想不透甚至不愿思考课程的精髓所在。

(三)身体健康的威胁

长期使用手机,可能会带来视力下降、睡眠不足、颈椎疾病等健康问题。严重的手机依赖症还会导致大学生长期接受手机辐射,危害身体健康。其中对视力的影响最大。手机的屏幕小,加之长期近距离注目,一定程度上加重了大学生的视力问题。

手机依赖症还影响了当代大学生原有的睡眠习惯,使失眠成为隐藏在大学中的"健康杀手"。很多新闻传播类专业大学生有在不开灯的情况下玩手机的习惯,不仅影响视力,还久而久之导致出现白天嗜睡,难以集中精力,夜晚睡眠质量不高,学习状态欠佳,学习积极性和创新能力不足,心态不健康等问题。

科学机构权威认定:人体正常的睡眠排毒时间从 23 点开始,超过 23 点入睡即可视为熬夜。而参与调查问卷的新闻传播类专业大学生中,63.7%的大学生表示自己知道手机辐射有危害,但睡前从未关过机,还有 17%的大学生有时想起来会关机,确定自己每天睡前关机的大学生仅占 19.3%。

(四)心理健康的威胁

手机依赖症对新闻传播类专业大学生创新能力造成的心理影响主要表现在学习和感情上。

在学习方面,课上玩手机的大学生也比较常见。这自然会影响他们课堂的听课效率和一系列学习任务的完成。课上知识吸收率低往往会使他们在完成课后作业的过程中感觉吃力,潜意识希望通过网络途径寻求答案。僭越了解决问题前该有的思考步骤,使当代大学生缺乏应有的思考能力和创造能力。长此以往,不懂的知识越来越多,学习过程中的手机和网络依赖则日益增强。

课题组调查显示,有八成的新闻传播类专业大学生在做课程作业时的第一反应是去网络寻找资料,甚至有 8.9%的大学生直接找范文照搬照抄(见图 1-14)。有趣的是,近半数的大学生认为自己完成作业的独立性良好,原创性在 70%以上(见图 1-15)。这说明新闻传播类专业大学生对创新能力还未形成一个完整的认知体系,有盲目自信的倾向。

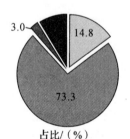

图 1-14 新闻传播类专业大学生作业完成态度情况

在感情方面,随着网络社交平台的出现,当代大学生似乎拥有了更加便捷的情感沟通方式,以及愈发自由的网络人际脉络。无论幼儿园时的同桌,抑或擦肩而过的路人,都可以通过看不见、摸不着的网络平台连接到一起。原本以增进沟通为目的的手机,渐渐成为阻隔彼此的一道看不见的墙,让当代大学生从心理感情上不再愿意甚至没有能力与身边的人交流,而倾心于素未谋面、隐匿在网络另一端的"朋友"。网络通信挤占了大学生的大部分时间,消耗了大部分情感,以至于他们少有精力去做创新成果研究。

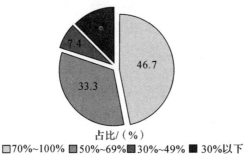

图 1-15　新闻传播类专业大学生作业完成独立程度

四、克服手机依赖症的对策

谷歌执行董事长埃里克·施密特在波士顿大学演讲时表示,人们应当"每天将这些电子设备关掉 1 小时。将目光从屏幕上移开,关注你所爱的人。与他们对话,进行真正的对话"。当然,对于不同的人,克服手机依赖症的方法也各不相同。但要认识到,人拥有强大的潜能,哪怕是面对某方面的依赖症,对于人类而言,它也只不过是一个心理上的病魔,只要付出足够的时间与毅力,就能够打败它,最终实现人的行为独立、思想自由。

(一)提高自控能力,培养兴趣爱好

大学生应在现实生活中积极与人交谈,多读书、看报,遇到问题不要急于在网络上找答案,多问善思。通过自我约束减少不必要的手机使用次数,尽量将生活的重心从手机上转移到现实的学习、生活实践中。客观条件允许的话可以多参加一些有益身心的课外活动。根据大学生的行为特征和习惯,可以通过以下几种方式,达到逐渐减轻手机依赖症的目的。

首先让身边信任的朋友和家人监督自己,在陪伴亲人朋友的过程中逐步降低对手机的过分依赖;其次通过读书丰富自己的课余生活,也可以通过加入学生团体,和一群有相同兴趣爱好的人相处,便于寻找感兴趣的共同话题转移对手机的注意力;最后争取每天定时关机,逐渐减少使用手机的时间。

(二)人格培养和引导创新并举

教师在授课的同时也要对大学生的创新思维进行引导,帮助他们逐渐摆脱手机依赖症的影响。

第一,重知识,更重方法。尽量克服大学生只知道掌握知识要点,没有学到实际方法的问题。不依附于习惯,让学生用自己头脑来思考问题,寻找与众不同的创新性答案实现对学生创新意识和能力的培养,最终形成浓厚的兴趣对抗手机依赖行为。

第二,重应试,更重应用。当代大学生应试能力很强,但学习能力、实践能力、动手能力、创新能力相对比较弱。教师应该多引导学生们换一种角度思考问题,拿出勇气批判不合乎实际的、陈旧的、过时的东西。只有批判,才有建立,才有建构,才有创新。这样可以培养学生客观审视手机媒介传播内容,形成主观判断的能力。

第三,重分数,更重人格。把考试分数看得很重,忽视对人格的培养是现今教育体制的弊端。大学教育不能把人格培养和人格教育混淆,应该关注当代大学生的心理健康,帮助他们健全人格。教师应该尊重个性,要鼓励和而不同、多样化和个性化。

第四,轻灌输,重创新。价值观决定人才观,人才观决定教育观。当代大学生处在综合国力竞争日趋激烈的时代,是否具有创新精神和创新能力的人才越来越起到决定性的意义。因此,更需要培养具有创新能力的人才,这样的人才需要素质教育,而非应试教育。

(三)打造创新平台,丰富课余生活

图1-16调查数据可说明,新闻传播类专业大学生创新能力以及科研成果形成还须加强,对此也需要学校做出更多努力,强化对学生引导。

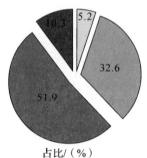

图1-16　新闻传播类专业大学生科研成果数量分析

学校通过开展丰富多彩的校园文化活动,传播校园文化正能量,实现对学生创新意识和能力的培养。多组织创新科研方面的比赛,引导学生积极参与。鼓励学生进行社会实践调研活动,课堂上多提供相关平台和机会,增加学生理论知识和实践技能相结合的可能。邀请国内知名学者做专题讲座,帮助学生拓宽眼界,转换观察问题的角度。营造全校积极学习氛围,推进有区别的"无手机课堂"的进程。

关于未来,可以肯定的是,越来越多的用户和社会公众倾向于在虚拟的环境里没有顾虑地直抒胸臆。但是就像电子书永远不能取代印刷品的墨香那样,冰冷的屏幕所带来的安慰始终无法替代面对面交流时的温暖。人是社会性的生物,手机依赖症只能暂时麻痹心灵,最终这些事物都将会在不断反复的实践中被大学生理性认识、批判接受。当然,这一过程离不开学校、教师的创新性引导和教育。

1.3 创新能力培养的新挑战

上一节我们主要讨论了以智能手机为主的屏幕依赖对新闻传播类专业大学生身心的影响。其中,还有一个值得关注的问题就是其对学生创新能力的影响。互联网以其便捷性、平等性、隐匿性等特征深受大学生群体的喜爱,给新闻传播类专业大学生的学习、生活带来诸多积极的影响,但由此而产生的屏幕依赖问题也不容忽视。本节在"屏幕依赖对新闻传播类专业大学生创新能力的影响"问卷调查数据的基础上进行分析归纳,深入探究屏幕依赖对学生创新能力的影响。

工具理性在客观上驱动媒介技术发展和用户理念提升,同时也强化了用户的工具理性思维。以工具理性为支配的媒介依赖不利于大学生用户创新思维的形成和创新能力的培养。基于此,用价值理性主导大学生在媒介化学习过程中对工具理性的认知,从数字媒介素养教育、课堂教学效果提升等方面共同影响、引导学生正确处理与媒介的关系,防范媒介依赖问题的产生,为大学生创新能力的形成创建积极健康的媒介环境。

马克斯·韦伯认为工具理性以借助外部环境和他人期望作为手段,来实现个人的目的,与之相对的价值理性则是"对于某种特定行为(伦理行为、宗教行为等)的内在价值的纯粹信仰"。当前,用户思维主导下的媒介在不断强化服务功能,实现"有用性""强效果"建设,以工具理性为支配的用户对媒介的依赖性不断增强。把传播的定义分为两大类:传播的传递观和传播的仪式观,媒介的工具性和仪式性影响受众与媒介关系。工具理性支配下的当代大学生对新事物保持的高度敏感与热情会让他们将媒介传递意义及其使用的语言符号、行为符号等一并植入到自己的现实生活中,以完成媒介依赖的仪式性复制体验与现实模仿。从某种意义上说,所有的人类行为自始至终都是符号。不论是工具性的还是仪式性的,这一过程实质上都加强了作为最活跃人类群体之一的大学生与媒介、社会的符号化互动。

媒介影响力的基础在于社会大系统、媒介在此系统中扮演的角色和受众与媒介的关系三者之间的联系。长远来看,媒介与人关系的不断强化对人和社会的关系及其发展是积极有益的。具有鲜明工具理性行为满足的网络媒介以其便捷性、平等性、隐匿性使青年学生在生活学习、信息获取、情感诉求、意见表达等方面能得到更好地使用与满足。而问题的关键是在大学知识积累、创新能力形成和人格塑造的关键时期,这种"互动"过程中出现了以大学生为中心考察的、信息输出与输入的失衡。大学生在工具理性支配下对媒介产生了强烈的依赖心理和行为,不利于学生创新思维和创新能力的形成,有悖于高等教育的人才培养目标,需要引起高度关注。

一、大学生媒介依赖与创新能力问题的提出

2005年,钱学森针对我国高校的人才培养现状,提出了著名的"钱学森之问":"为什么我们的学校总是培养不出杰出人才?"针对这一问题,高等学校作为育人主体进行了积极全面的审视和反思,包括在人才培养中的工具理性及实用主义、学校行政化、评价缺乏尊重个性、教学缺乏启发与参与等方面。学校建设性的反思对大学生创新能力的培养至关重要,但是对教育对象——学生的媒介化学习缺乏考虑,在媒介和社会系统"全员育人"方面的反思和考虑亦显

得不足,因为大学生与媒介关系的合理建设是大学生学习、创新能力培养的重要考量因素。

截至 2021 年 12 月,20~29 岁的大学学龄段网民占比达到 17.3%。不论是工具理性还是仪式性,缺乏引导的媒介依赖都会对大学生群体的创新能力培养产生时间、空间、知识积累、思维方式等方面的普遍的不利影响。特别是工具理性主导下的个体与媒介关系成为影响大学生创新能力培养的首要因素。为此,课题组开展了"媒介依赖对大学生创新能力影响"的社会调查,共设置了 16 个议项,在 30 个省(直辖市)共抽取了 1 025 名在校大学生作为样本进行问卷调查和深度访谈。基于调查结果,对工具理性主导下的大学生媒介依赖和大学生创新能力培养之间的影响关系进行分析与阐述。

电子媒介时代,屏幕媒介一直是视觉传播循环传受实现的重要节点。社会公众的日常生活方式与屏幕媒介正在发生深度融合,屏幕日益构成人类社会的一种嵌入式存在,人们时刻处于屏幕媒介的裹挟之中,须臾不可分离,以至于出现媒介依赖问题。大学生的媒介依赖主要表现为不能理性认知、自觉处理与屏幕媒介的关系,使媒介接触成为学习生活中的伴随性行为,这种强烈依赖已经影响到他们正常的学习和生活,成为高等教育教学和人才培养必须直面的问题。

"媒介依赖症"是一种由于对电视、电脑、手机等屏幕媒介的过分依赖和迷恋而形成的一种"现代病",主要表现为社会公众热衷于屏幕媒介,主动或被动地成为屏幕媒介的束缚对象,注意力被屏幕媒介支配,进而对现实世界关心不够、参与不足;用户离开屏幕便会产生不适、不安全感。媒介依赖症是 E 时代的"世纪病"。

早在 2009 年初,国家卫生部已初步确认:每星期上网时长 40 小时以上便可被认定为患有网瘾,即平均每天上网 6 小时左右。此外,国外有一种认定是根据每个月的上网时长来判断是否患有网瘾,即每个月上网时间超过 144 小时(平均每天上网 4 小时以上)被认为有网瘾。基于此,从大学生接触屏幕的时长和频率两个维度来分析其媒介依赖是否存在和典型就有着比较重要的现实意义。

课题组调查了解到新闻传播类专业大学生每天接触屏幕媒介时长 4 小时以上的占比 77.90%,6 小时以上的占比 45.30%,这说明很多大学生沉溺于网络,患有网瘾;69.14% 的大学生亦认为自己每天接触屏幕媒介频率很高,说明很多大学生面对屏幕媒介的自控能力较弱。以上两项指标的调查结果可以支持大学生对屏幕媒介存在不同程度依赖的结论(见表 1-17)。

表 1-17 大学生每天接触屏幕的时长和频率

接触屏幕时长/小时	占比/(%)		接触屏幕频率	占比/(%)
0~<2	4.00		很高	69.14
2~<4	18.10		一般	29.52
4~<6	37.53		几乎不	1.14
6~<8	24.19	77.79	不使用	0.19
≥8	21.14	45.30		

网瘾的界定需要根据不同的自变量(性别、年龄、年级、专业)、相同的因变量(接触屏幕时长)和其他的问卷数据来分析,并得出大学生媒介依赖的特征。通过对性别、年龄、年级、专业等不同自变量的调查,结果虽有差异,但不同自变量样本接触屏幕媒介的时长均已经达到或超过国家规定的屏幕接触的最低标准。

二、基于工具理性的大学生媒介依赖成因

宏观来看,媒介依赖是信息技术发展和媒介功能日益强大的产物。其中包括移动互联网发展、智能手机普及、信息传播方式变化等客观因素;大学生自身学习动力不足、对在线解决学习问题产生依赖、寻求心理满足等主观因素。

1. 技术赋能与工具性媒介依赖产生

(1)移动互联网发展、媒介工具性特征凸显

移动互联网技术不断发展,为公众提供了触网的物质基础和基本条件。目前,互联网技术已经完成了从 PC 向移动互联网的跨越。不断呈现的工具性服务优势吸引着包括大学生在内的用户群体积极接触、快速实现学习生活目的。

互联网的发展一方面更加便捷地实现了人与人、人与物、物与物的互联互通。通信、网约车、购物、教育等大学生的学习生活基本上被 APP 裹挟,在很多方面、很大程度上给大学生活带来前所未有的便捷和全新体验。另一方面,鲜明的工具性服务功能导致媒介依赖问题的产生和大学生工具理性的强化、价值理性的淡化。大学生正处于成长、成才的过程中,严重的工具性媒介依赖正在吞噬他们线下阅读、独立思考的时间和空间。

(2)智能手机的推广

截至 2021 年 12 月,我国网民使用手机上网的比例达 99.7%。智能手机作为小型的移动终端设备,方便携带、功能多样、信息处理能力强大。作为一台智能化的综合性移动媒介,智能手机拥有海量信息传播处理与便捷丰富的服务功能,成为继报纸、广播、电视、网络之后的"第五媒体"。智能手机成为"万物互联"的基础,在满足大学生的个性化、智能化需求的同时深刻影响并改变着大学生的学习和生活。

(3)教育技术媒介环境变迁

新媒介技术催生形成了新的教育技术媒介环境。当前,由新媒介技术支持的非正式学习日益成为大学生校园生活的"新宠"和个性化学习的重要方式,也成为"三全育人"理念的重要实现路径。新媒介以其海量的信息资源、随机的学习场景选择、突出的自我意识、个性化的信息服务和交互的便捷性,为大学生学习和发展提供了新的机遇和动力,大学生非正式学习变得更加泛在、灵活和便捷。教育新媒介所建构的大众传播环境,客观上增加了屏幕接触的时间,增进了人与屏幕之间的交互和依赖的形成。

(4)信息传播方式的新变化

新媒介的不断出现和应用造就媒介社会化的基本状态,初步形成了一个"共享"新闻资源、"共产"新闻文本、"共绘"新闻图景的"共同"主体时代。在"万物皆媒"的新媒介时代,传统的"我说你听、我播你收"的单向信息传播模式被打破,变为人人都有"麦克风",个个都是"评论员",更多主体参与的全民互动的传播模式。大学生群体平等、个性、表达自我的群体性特征在新的媒介环境中具备实现的条件和场景。信息传播方式多样化、传播主体受限减少,大学生群体在表达自我、展现自我的过程中对平台、屏幕从产生浓厚兴趣到强烈依赖也就不足为奇。

2. 成长困惑与工具性媒介依赖发展

(1)学习动力不足

动力是学习目标实现的先决条件。学习动力是学习主体对学习行为价值判断基础上的心理驱动总和,是由学习动机、学习兴趣和学习态度等非智力因素组成的。学习动力不直接介入学习,而是激发学习的积极性,挖掘学习的潜能,调节学习活动的进行,具有始动、定向、引导、

维持、调节、强化、升华等功能。大学生的学习状态很大程度上是由学习动力决定的,学习动力越强,学习状态越好;反之,学习动力越不足,学习状态越差。

大学期间,学生学习动力的影响因素包括社会发展带来的外在心理影响、压力,学习目标不明确、专业认同度不高等内在影响因素。另外就是与教师直接相关的课堂教学效果。课堂教学是在规定的空间和时间开展的教育教学活动,对学生具有一定的行为约束力;但是课堂教学对学生的注意力获取能力,则与教师的课堂教学设计、实施效果紧密相关。

课题组调查统计,上课期间将手机关机或调至振动的大学生占比37.14%;边听讲边看手机的大学生占比13.90%;感兴趣就听、不感兴趣就玩手机的大学生占比高达48.95%。可见,很多大学生媒介依赖行为的产生与教师教学内容、教学方式有着一定的反向相关关系。课堂教学缺乏吸引力和参与性,导致学习动力不足,关注屏幕媒介成为学生在课堂教学过程中一个重要的注意力转移行为。

(2) 在线阅读方式的工具性依赖

在线阅读指的是基于网络的电脑终端和手持终端的阅读行为,包括利用电脑、手机、PDA(个人数字助理)等方式进行阅读。在线阅读的主要优点是泛在阅读,它可以帮助读者实现无所不在的即时阅读,在任何一个地方进行最新文本内容的阅读。

在针对在校大学生的一项关于线下阅读的调查中显示,纸质书籍依然是大学生比较喜欢的阅读载体,占比67.81%,电子书仅占比26.86%(见图1-17);大学生阅读专业书籍,选择纸质阅读方式的高达85.52%,选择电子书的仅占14.48%(见图1-18)。这说明,大学生更喜欢纸质书籍的阅读方式,尤其是在知识性信息获取方面,更倾向于阅读纸质的书籍。然而,一个特别的现象是,当大学生一旦涉及要解决实际遇到的学习问题、完成学习任务时,在资料查阅方面选择的途径却不是纸质书籍,而是网络等。

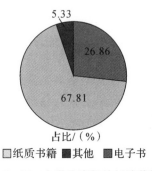

图1-17 大学生喜好的阅读载体

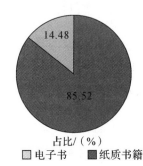

图1-18 大学生阅读专业书籍的方式

在完成课程作业,做毕业论文(设计)、学业论文时,71.05%的大学生倾向通过互联网解决问题,而选择到图书馆查阅书籍的仅占比28.95%(见表1-18);遇到专业问题时,大学生也倾向在网上寻找解决办法,占调查人数的69.71%(见表1-19)。

表1-18 大学生在做毕业论文(设计)时查阅资料的方法

查阅资料的方法	占比/(%)
在网上查阅相关资料	71.05
在图书馆查阅书籍	28.95

表1-19 大学生遇到专业问题时的解决方式

解决专业问题的方式	占比/(%)
图书馆找资料	11.05
网上寻找办法	69.71
问专业课老师	6.29
与同学交流	9.90
其他	3.05

可见,在线阅读不仅打破了传统时空的限制,而且解决了纸质书籍携带不便、存储量小、对阅读环境要求高等问题,它易携带、容量大、阅读环境要求低的优势吸引了较多的大学生。特别是在面临完成学习任务的压力时,在线阅读方式提供资源的广泛性和针对性是纸质书籍无法比拟的,而且其搜索目标明确、范围广,搜索量大、种类丰富,致使大学生更愿意进行在线阅读,这是一种典型的工具理性支配行为的体现,这种行为的发展就是大学生的媒介依赖问题。

(3)寻求心理满足

满足感是人类等生命体的需求或愿望得到实现时的感受,会让人产生舒适、愉悦、幸福等感受。马斯洛需求层次理论将人类需求分为生理需求、安全需求、社交需求、尊重需求和自我实现需求。大学生正处于自我发展的关键时期,社交需求与社交能力弱化、尊重与自我实现需求与现实竞争激烈等矛盾成为成长中的困扰,在解决这些矛盾的过程中便产生了一定的媒介依赖。

从调查数据得出,女性大学生相较于男性大学生更喜欢通过网络与老师进行沟通(女性占61.67%,男性占49.70%),女性样本占比比男性样本高11.97%。在关于不同互动方式的使用研究中,女性大学生更喜欢通过网络互动沟通的方式实现建立社交关系的目的和需求(见图1-19)。

另外,在单一评价体系中,只有少数大学生能成为焦点,大多数大学生被忽略,他们转而在网络游戏中寻找被重视的感觉,重塑自我。依靠网络、虚拟世界寻求满足与认同,实现现实中无法满足、不愿突破的社交需求。因此,网络成为大学生心理需求实现的工具,也是大学生与现实世界对话的重要窗口,这种依赖的产生成为大学生青春期成长成熟的一个重要缓冲带。

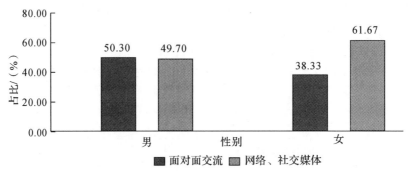

图1-19 不同性别大学生与教师的交流方式

三、媒介依赖对大学生创新思维形成的影响

创新思维是创新能力形成的关键,包括批判性思维、发散思维、逆向思维等。这些思维方式的形成建立在对社会发展中涌现出的新事物保持高度敏感和浓厚兴趣的基础之上,并能进行持之以恒地敏锐思考与洞见。大学生的媒介依赖一方面密切了其与社会发展之间的"虚拟空间"对话,拓宽了大学生的知识视野和间接经验的获取渠道,另一方面,严重的媒介依赖也侵蚀了大学生创新思维形成的时间、空间等。

(1)工具理性与思维模式固化

法兰克福学派工具理性批判导致人的异化和物化,进而压制人内心的否定性和批判性向度。用一种简单化形态,用以协助人们获得有关真实世界的意义,用来指人们对社会环境中某一类人或事物产生的固定、概括、笼统的看法,通常伴随着人们对该事物的价值评价和好恶感情,人们根据已有的经验来看待新发生的事情或新出现的事物,在做出判断和选择之前,潜意识已经受这种经验的影响,所以得出的结论可能是模式化,并带有一定倾向性的,而这对于大学生创新思维的形成是极为不利的。

大学生遇到专业问题的解决方式是训练思维模式和既有思维模式最典型的观察点。数据显示,通过互联网寻找解决办法的大学生占比高达69.71%。可见,"有问题,找度娘"这种方式受到了大学生群体的普遍认可。但是,网络媒介提供的内容绝大部分是已有知识和经验的碎片化分享,并且在网络获取的过程中,缺乏教师课堂教学中的启发性和互动性,进而导致批判性吸收缺失。

大学生的创新思维本身潜质活跃,新奇探索的欲望应该被鼓励,打破传统束缚的愿望应该被肯定,但缺乏引导的专业问题互联网解决方案很明显从一开始就因工具理性支配而固化了学生的思维模式。

(2)工具理性与思维模式标准化

国家标准化管理委员会对"标准"的含义做出统一规定:标准是指由一个普遍认可的专业机构制定和通过的文件,它对活动或活动的结果制定了相关的规则、导则或特殊值,供共同和反复使用,以实现在预定领域内最佳秩序的效果。标准在规范我们日常的学习、工作、生活、社会秩序等方面都发挥了不可或缺的作用。

瑞士心理学家皮亚杰提出思维、学习行为模式一旦被标准化,其副作用不容忽视,面对新奇事物很容易产生"万马齐喑"的现象基模(图式),指的是人的认知行为的基本模式,或叫心智结构、认知结构,或者认知导引结构。基模是随着人周围的生长环境的变化而不断变化的。在我国,应试教育的实施使每个人的认知不断呈现标准化,形成了标准化的思维模式。思维标准化泛指思维方向、方法和技能的规范化和模型化。学生从小接触的应试教育环境,不断充斥着工具性、规律性、常规化、经验性的知识教育,导致其逐渐丧失了个性、非常规化想象的能力。所受教育的水平越高,思维就越呈现单一性,看待问题的视角越狭窄,以至于任何事情均按标准化的方式进行思考。

大学生群体接受应试教育的时间最长,但在大学期间突破了围墙式学校教育模式,与之前的环境形成了极大的反差。从可能性上来说,大学生可以通过互联网接触到更多角度、更多维度的思维方式,一个问题可以有多种答案、多种解决方法。但现实的情况是,作为教育主体的教师若不能及时改变对学生成长变化的单一评价标准,学生屏幕媒介接触所产生的行为后果使标准化的思维习惯继续成为桎梏,进而加剧媒介依赖,扼杀互联网思维可能给他们带来的创新性改变。

(3)工具理性与思维惰性凸显

惰性思维是指主体因为主观依赖性严重,或者对待人生的态度悲观消极等,因此丧失了积极主动的思维能力,不积极主动地思考解决问题的新路径和新方法,倾向于借助便捷的工具实现已有知识和经验的复制。惰性思维形成的原因主要有急功近利、因循守旧、迷信权威、害怕错误等。

大学生因为在长期学习中处于或主动或被动的状态下,从属于学校或家庭,养成了一种习惯性的从属思维,并获利于这种思维实现了人生的阶段性目标。因此,已有的思维惯性促使其不敢逾越;有些学生认为前人、教师的经验完全正确,不加质疑、迷信权威;有些学生因为长期受到外在的否定评价而丧失了对自我的信心,过低地评价自我,从而消极对事、行事,害怕出现错误,不愿意再去思考。大学生的这些思维特征从其对教师授课使用的PPT的处理方式可以得到证实。高达41.90%的大学生在上课期间将教师的教学文件用手机拍下来,还有4.95%的大学生采取全部照抄的方式(见表1-20)。

表1-20 大学生对教师授课使用的PPT的接受行为

做法	占比/(%)
经过思考,有选择性地摘抄并补上自己的想法	48.20
全部照抄下来	4.95
不做笔记	4.95
用手机拍下来	41.90

数据显示,由此可见,大学生的惰性思维较严重,更多地依赖手机媒介咀嚼知识,可称之为"笔记的奴隶"。对教师所讲授的课程内容,主动思考意识薄弱,全盘接受,以备考试之需。不愿意对学习内容进行深入思考、加深理解,这样很容易陷入惰性思维模式中。恰恰屏幕媒介使这种惰性思维得以很好地维持,一方面不耽误常规学习、羞愧心理减弱;另一方面可以满足其懒于思考的心理。

四、工具性媒介依赖对大学生创新能力形成的影响

创新是指以现有的思维模式提出有别于常规或常人思路的见解为导向,利用现有的知识和物质在特定的环境中,本着理想化需要或为满足社会需求而改进或创造新的事物、方法、元素、路径、环境,并能获得一定有益效果的行为。创新是发展的关键,创新能力是大学生能力的重要构成。创新能力主要包括创新思维、创新人格和创新智慧三个层面。其中,创新思维又包括聚合思维与发散思维、辩证思维与批判思维,创新人格包括意志力、观察力、乐观、独立、幽默、富有社会责任感等人格品质,创新智慧包括哲学性智慧和经验性智慧。

在关于媒介依赖对大学生创新能力有无影响的调查中,有90.48%的学生认为屏幕媒介对自己的创新能力有影响。这种来自学生自己的认知说明大学生对媒介的依赖是一种不自觉行为,并非对其负面影响没有认识到。

1. 媒介依赖与有效知识积累减持

移动互联网的迅猛发展打破了学习的时空局限。大学生在信息获取渠道上更加多样,有了能自由选择、自行创建及管理的虚拟学习空间。学生可以借助移动互联网在任何时间、任何地点获取所需信息、知识,只要学习者拥有强烈学习的想法和意愿,就能不再局限于传统课堂式的学习方式,可以发展为每时每地的学习生活。可见,屏幕媒介对学生知识积累会产生积极影响,知识积淀会更加多元化,创新能力形成的基础得到拓宽。

与此同时,网络信息包含的知识资源种类繁杂、真假掺杂、形式复杂并具有碎片化特征,对学生的整体思维、系统思维形成一定的负面影响。学生学习过程中也面临着诸多挑战,对网络的自我控制能力、长时间的连续学习能力等,还有一部分学生对信息收集产生依赖,花费大量时间致力于在网上查找和收集信息,并伴随着强迫性冲动倾向和较低的做事效率,强迫性从网上下载无关紧要的或者不迫切需要的信息,并以堆积和传播这些信息为乐趣。碎片化、浅阅读、对信息重要程度的判断力差,均不利于学生的整体学习能力提升和有效的知识积累。

过度沉溺于媒介提供的表层信息和通俗娱乐中,就会不知不觉地失去社会行动力,而满足于被动的知识积累。大众传媒所造成的这种媒介环境,使患有媒介依赖的大学生疲于思考,思辨能力不足,主体行动力下降,乐于咀嚼现成知识,满足于现状,囿于被动知识积累,而且处于这种被动知识积累状态下的学生并不明显自知。

系统性的知识积累是学生创新能力形成的重要先决条件。"厚积"方能"薄发",强大的创新能力需要有完整的知识体系、深厚的知识积累、丰富的经验性智慧做基础,而碎片化、浅层化知识信息获取导致学生知识体系不够扎实完整,实践经验不足,行动能力下降,这些都会对学生创新能力的提升产生消极影响。

2. 媒介依赖与批判性思维形成的潜在威胁

批判性思维最早源自杜威的"反思性思维"。学者罗清旭认为批判性思维是个体对产生知识的过程、理论、方法、背景、证据和评价知识的标准等正确与否做出自我调节性判断的一种个性品质,包括批判性精神和批判性智力技能。批判性思维是创新思维的重要组成部分,使人在思考问题时更具多面性,对一个事件做出评价和判断时会多方考量,得出的结论更具说服性与权威性。可见,批判性思维也是推动科学研究和社会发展的一种重要品质构成,也是大学人才培养的重要目标之一。

信息技术的发展让当代大学生接触信息的渠道变得多样，信息接收量、接受广度也实现前所未有的突破。信息获取渠道的多样性让大学生接触到了海量的信息资源，也突破了传统的传承式学习方式，发散性思维因此受到一定积极影响。

但是，通过媒介所传达的现实是有偏向的，并非客观世界的再现。从"媒介偏倚论"和技术决定论的代表"媒介即讯息""媒介是人的延伸"到尼尔波兹曼的"媒介即隐喻"，都认为媒介所传播的现实有偏向，并非客观地传达信息。这就使得媒介所代表的立场往往决定了其传达信息的角度和偏向，客观上造成了受众在接受信息方面的单一性思维。马尔库塞在《单向度的人》中提出，发达工业社会主要是因为技术的发展，通过"社会水泥"成功地压制了人们心中的否定性、批判性、超越性的向度，使这个社会成为单向度的社会，而生活在其中的人成了单向度的人，这种人丧失了自由和创造力，不再想象或追求与现实生活不同的另一种生活。

大学生群体无时无刻不在接触着媒介所传达的意见、观点、态度，这种影响是潜移默化的。对于有严重媒介依赖的学生来说，这种影响的潜在威胁是存在的，进而会对其创新思维产生一定的负面影响。

3. 媒介依赖与独立思考能力下降

独立思考是指人们在社会实践中自主运用自己的头脑进行能动思维的过程，即在坚持观察客观事物的基础上充分发挥主体的自主意识和自主能力独立地、能动地思考、认识的过程，是指不仰仗他人意志，不受他人干扰，自主地对某个问题进行较为深刻而周密的思维活动。独立思考是创造精神与创新精神存在的基本前提，独立思考是大学生学习的灵魂和特质。

信息技术的发展使得大学生信息获取的手段便捷化，对于急需解决的问题可以从网络上迅速而又准确地获取到相关的解释和知识延伸，参考别人的经验是独立思考的前提，然而，由于缺乏独立思考能力，别人的选择往往成了学生们的选择，而这种选择很可能是不合理的，盲目照搬照抄，既没有内化于心，也没有外化于行，这样更容易导致其思考的惰性，不利于独立思考能力的培养。

创新智慧需要以较强的独立思考能力为基础，要求对待遇到的问题能独立思考，通过独立思考形成独立见解。大学生善于在网络中听取各方意见来解决现实问题，这种"即需即得"式的解决方式导致没有时间留给学生进行自我的独立思考，对创新性智慧的培养带来不利。

4. 媒介依赖与大学生社交能力弱化

人际关系是人们在交往中心理上的直接关系或距离，它反映了个人寻求满足其社会需求的心理状态，每个个体不能单独存在，他与社会中其他个体存在着紧密的联系，一个良好的人际关系会给个体带来自信、安全感、乐观态度等积极影响。更重要的是创新意识的培养、创新思维的实践，这些都是在团队、群体交流中得以实现的。相反，人际交往的缺失会使个体容易产生挫败、自卑、抑郁、偏执，同时让创新、扩散都失去了应有的场域和生发的条件。

互联网的工具性、匿名性、开放性为大学生实现了现实人际交往缺失的虚拟空间补缺。短时间的网络社交活动无疑具有缓冲作用，是有益的。但是，大学生在网络中寻求人际交往满足时，沉迷其中，进而逃避现实人际交往。痴迷互联网，与家庭成员缺乏必要的心灵沟通，未能及时纾解生活中的消极情绪，容易心情低落、心态失衡、精神抑郁，产生生理、心理方面的问题；习惯于网上的指令模式，回到现实生活，可能造成人与人之间平等交流的不和谐。

过分的媒介依赖导致大学生性格冷漠，做事不够努力坚持，而创新人格需要主体具有乐观、社会责任感、意志力等品质，与媒介依赖所带来的负面影响形成一对矛盾对立、此消彼长的关系。因此大学生对生活的观察能力、问题的发现能力随之下降。

5. 媒介依赖与大学生信息鉴别能力缺失

信息爆炸，是互联网时代的一个基本特征。那么是否信息越多越利于决策，这一信条正在遭到越来越多人的质疑。Web3.0时代，信息的有效性越来越重要，企业家、脑科学家杰弗里·斯蒂伯在《我们改变了互联网，还是互联网改变了我们？》一书中举例说明信息过多对人的判断力的干扰，因此在信息过剩的时代，对其的鉴别能力尤为重要，面对众多的信息资源时，选择有效的信息有利于公众进行正确决策，如果信息鉴别能力差，那么很容易导致决策失误。

在学习生活中，很多大学生奉网络媒介中获取的知识性信息为圭臬，作为解决问题的重要依据，甚至对屏幕媒介中传播的有悖常理的信息缺乏应有的思考。长期应试教育对学生的批判性思维有所限制，"传递什么接受什么"成为信息接受习惯。屏幕媒介中传播的伪科学、伪学术等也被接受，不利于大学生以价值理性为指导的批判性思维养成，进而影响创造性思维的形成。

经验性智慧是创新智慧的一部分，信息鉴别能力的塑造恰恰是通过经验性的积累、升华而形成的，是经验性智慧的表现。大学生在信息洪流中，不假思索地截取自己所需的内容是一种工具性、功利性的趋向，说明其经验性智慧亦有所缺失。

五、大学生媒介依赖问题的解决路径

1. 引导学生正确地辩证认识工具理性

工具理性对于人在不同阶段的发展具有不同的正负效果影响。大学阶段是人积累、成长的关键时期。大学学习的过程重于结果，创新思维和创新能力的形成重于成果形成和优异成绩形成。学校、教师要加强对学生的引导，切实践行"三全"育人理念，不能过分强调考核评估的结果重要性，以此继续凸显工具理性对人的重要性，销蚀价值理性，从而无法实现价值理性与工具理性的统一，实现"人是人的最高本质"培养目标。而要突出考核评估结果对学生发展的引导意义，督促学生树立排除工具理性支配的科学学习观和自我发展观。

2. 开展大学生数字媒介素养教育

1992年美国媒体素养研究中心将媒介素养分为对信息的选择、质疑、理解、评估、创造和生产能力以及思辨的反应能力。在现阶段，在大数据和算法推送的信息所构筑的信息茧房中，符合个人兴趣所在的大量信息削弱了个人的评估及思辨能力。摆脱这种被动的屏幕媒介使用状况是脱离屏幕媒介依赖的重要一步，在认识到屏幕媒介"双刃剑"性质的同时，提高大学生的媒介素养，让他们能够自主地对屏幕媒介及其内容进行评估，选择对自己最有利的使用方式，剔除对自己缺乏帮助的信息，将自己切实地定位为屏幕媒介的主人，摆脱对屏幕媒介的依赖。

3. 帮助学生树立积极学习目标

大学生应当为自己树立目标，据研究显示，现阶段有目标的大学生占75.16%，无目标的大学生占24.84%，其中无目标的原因占比前三位的分别为迷茫、经历少、觉得为时尚早，没有目标的大学生缺乏学习或实践的动力，在校学生应尽早为自己确立方向和目标，并付诸行动，从而减少对屏幕媒介的沉迷，充分利用富余时间。

认真审视自己的现实生活，对未来做一份切实可行的计划，每天都有清晰的目标为之奋斗;对于那些逃避现实的大学生来说,要培养直面人生的态度,认清问题本质,致力于从现实生活中寻求需求的满足和解决问题的出路,坚定生活的信心,不寻求逃避,主动调整自己的心理,采取实际行动把握好自己的人生方向。

4. 提升课堂教学的影响力和引导力

课堂教学是大学生学习的重要路径,也是辐射影响大学生课余学习生活的重要源头。课堂教学的影响力和引导力是克服大学生媒介依赖的重要反作用力。调查中,大学生课堂学习中的媒介依赖现象从侧面反映了教师课堂教学的黏性不够,没有培养学生对课堂教学的兴趣和忠诚度,也没有产生对学生课下学习的足够引导力。

因此,教师要在课堂教学上下功夫,不仅要适时调整教学内容,增加有辐射意义的、前沿的、问题性的教学内容,采用启发性的教学方法激发学生的好奇心和探知欲。引导学生学习从工具理性向价值理性转移,进而实现二者的相对平衡。另外,采用混合式等教学方式,提高学生学习的参与度和体验度,尽最大可能实现学生与教育教学活动的同频共振,剥离其对屏幕媒介的强烈依赖。

总之,大学生屏幕媒介依赖的产生是新时代高等教育发展要解决的新课题,因其涉及大学生创新能力培养和终身发展,应该引起全社会的普遍关注和高度重视。这一问题的解决要充分尊重学生的主体地位,只能"疏"不能"堵",这是由新技术革命与人类社会发展、教育信息化趋势决定的。高等教育作为一种特殊的信息传播活动,要确保教育信息内循环合理负荷、畅通运行,确保形成外循环和内循环的同向同行,防止媒介对学生构建的信息外循环对师生内循环的强烈干预、冲击,影响教育教学活动和学生发展。

1.4 写作能力提升的新问题

在新闻传播类专业学生的专业能力构成中,写作是一个最基本、最重要的一部分。新闻写作能力是观察、思考、表现、评价等能力的综合体现,在新闻业务中占据着重要的地位。技术环境的发展、变迁打破了传统新闻写作模式,计算机与网络的发展普及,加之日趋严重的屏幕依赖给新闻传播类专业学生写作带来了一些不容忽视的问题,如书写能力和独立思考能力下降、同质化现象严重、事实判断、鉴别能力下降等。基于网络技术环境下新闻传播类专业学生写作能力现状调查,探讨其写作能力存在的问题,提出其写作能力提升的路径与方法是当代新闻传播教育特别应该关注的问题。

计算机和网络的应用与普及,给新闻写作带来了巨大的影响。从写作主体来说,新闻工作者可以减轻写作劳动负担,方便快捷地获取新闻写作材料,出现了创作的大众化与创作的电子化;从新闻写作客体来说,网络技术环境为新闻工作者提供了更多的新闻信息资源和写作素材,也推动了新闻文体结构的变化。与此同时,计算机与网络的出现也给新闻传播类专业学生的写作带来了一些不容忽视的问题,对这些问题的审视和重视,对于提高学生的写作能力,显得尤为重要。也是确保人才培养质量的应有之义。

为了解网络技术环境下新闻传播类专业学生写作能力培养现状,课题组选取了A学校新闻传播类专业各年级学生作为样本,做了关于"网络技术环境下写作能力培养现状"的调查,与基于采集的数据作了分析与论述。

一、写作能力与专业能力

(一)写作能力与新闻写作能力

从形式上看,写作是人们用语言文字记录思维成果的一种行为活动;从本质上看,写作不仅是对个人情绪的宣泄与表达,亦是为交流思想、传播信息进行精神生产的创造性劳动成果。写作随着文字符号的产生而开始,又随着文字符号的演变而发展。作为一种能力,写作已成为现代社会人们的基本素质要求之一。

在新闻写作的传统观念中,写作任务主要是语言教学与文字训练。新闻写作活动首先是一种思维活动,是作者认识客观事物、反映客观事物的活动。新闻写作能力是一种综合性的能力,是观察、思考、表现、评价等能力的整合。包含智力、技能、素质和修养四个方面,统称智能素养。其中,"智力"主要指主体的记忆力、发现力、思维力和想象力。

1. 记忆力

记忆是新闻写作中不可缺少的智力,名言警句的引用、前后呼应的铺陈、章节层次的安排等,都需要记忆。失去记忆就等于失去了新闻写作材料的仓库。"书读百遍,其义自见",这说明了多读书、多记写的好处。因此,在新闻写作教学中定要加强朗读和记忆,实现有价值的阅读。特别是通过优秀新闻作品的阅读培养学生的新闻写作思维与能力。

2. 发现力

发现力又称摄取力、观察力,它是一种洞察事物之细微、把握事物实质的能力,由注意、对比、区别、判断等思维活动构成。发现是思维的起点,也是思考的动力。敏锐的发现力其实也是对生活的一种敏感度。许多学生之所以在写作中没有内容可写,关键在于没有主动融入生活、发现生活,观察世界,审视社会,因而常常使有价值的新闻材料并未被发现并运用到新闻报道中。

3. 思维力

思维力包括逻辑思维、形象思维和顿悟思维三种形式。逻辑思维的基本方法是分析与综合。新闻传播类专业学生须在零乱的原始材料中进行耐心梳理、归类、推导和概括。它如同整理加工信息的"过滤器",作者正是借助这种智力,对所观察到的事物逐条进行分析,逐步深入地进行开掘。形象思维的基本方法是由形及象、由象及形。"形"是指客观世界的一切都是不同的,可听、可视、可感。"象"指形的排列组合所反映的特征。整个过程,形象思维是"形"的不断积累、选择、组合、变化和"象"的分析、综合的过程。顿悟思维是一种触发性思维,也就是人们经常所说的灵感。它是一种突如其来的思维方式。兴趣是提高学生新闻写作能力的动力,当学生对新闻写作产生了兴趣、产生了灵感,他们就会主动积极、心情愉悦地去创作。

4. 想象力

想象力是一种创造性的思维能力。它是通过一个奇妙的功能,打破障碍,沟通看似无关的事情,将其加以联系。它是人类与生俱来的天赋,同时也有赖于经验和知识的积累。哲学家黑格尔说过:"人类最杰出的艺术本领就是想象。"新闻写作不是艺术创作,但作为一种创造性的劳动,它同样离不开丰富的联想与想象。

另外,新闻写作还包含运用语言工具、掌握布局技巧和熟练书写方法三项重要技能与能力。语言技能:新闻写作包括词汇、句式等语言材料的大量积累,词汇、句法等语言规律的熟练掌握以及语言运用的反复实践。结构技能:结构的分析、借鉴、模仿、创新就是在创作实践中逐步提高新闻写作技能的过程,开头结尾、过渡照应、布局谋篇又是一种表现技巧。书写技能:新闻写作是一种书面语言的表达,它必须诉诸文字,而文字书写必须讲究整洁规范、合乎格式等。

(二)新闻写作能力的认知

新闻写作不仅是新闻传播类专业学生必修的课程,也是作为学生应该掌握的一种基础技能,是任何一个接受高等教育的学生应具有的基本素质。随着信息社会经济与文化的发展,有学者预言:"21世纪的文盲,是不懂计算机,不会外语以及不会写作的人。"中国新闻传播专业教育如果自1923年国人最早创办的平民大学报学系(北京)算起,迄今已近百年。目前,新闻教育正处于快速发展时期,根据中国教育学会的消息统计,我国新闻传播类专业点共有1 000多个。专业教育规模越是扩大,就越应重视对学生的培养,而新闻写作是专业学生重要的必修课程之一,是新闻业务的重要组成部分。

在网络技术环境下新闻传播类专业学生写作能力培养现状调查中,73%的大学生认为写作能力是非常重要的(见图1-20)。

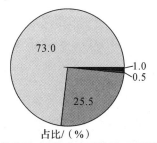

图1-20 大学生对新闻写作能力重要性的认识

在新闻宣传实践中,新闻写作是媒体实现传播价值以及形成传播影响的核心环节,也是展示新闻记者职业才能的重要渠道和方式。因此,在高校新闻传播类专业人才培养的过程中,新闻写作是一门实践性很强的基础课程,通过新闻写作的原则、写作规律、写作技能和知识的教学与训练,使学生熟练掌握新闻传播规律,凭借自己判断新闻价值的敏感能力,借助较高的文字表达能力,驾驭和应用不同的新闻文体,写出有良好传播效果的新闻稿件,以适应媒体的需要,为从事新闻工作奠定良好的基础。

(三)屏幕依赖与写作

在信息时代,有学者把无法适应现代化的社会生活方式,不会运用计算机进行写作和交流的人,称为新时代的"功能性文盲"。21世纪,网络写作已成为人们生存工作的基本方式之一。为了掌握、交流信息,融合于世界文化的潮流当中,人们必须熟练掌握计算机写作。

基于传播环境不同,网络写作的生存环境与传统写作有着极大差异,与一般意义上的电脑写作也有着较大区别。网络写作可以说是电脑写作的一种较高层次的形式。如果把电脑写作比作单机版,网络写作便是网络版。因此,可以说网络写作是以网络为生存空间的一种写作方式。

课题组统计17.5%的大学生在新闻稿件写作中,全部都用计算机进行;60.0%的大学生使用计算机频繁,偶尔会用手写;仅有22.5%的学生表示几乎不用计算机写作(见图1-21)。由此可见,计算机已越来越成为大学生写作新闻稿件过程中愿意选择的写作工具,这也充分显示了网络技术环境对新闻传播类专业学生写作活动带来的重要变化。

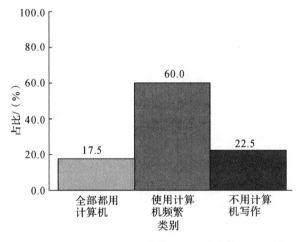

图 1-21 大学生写作新闻稿件过程中的计算机使用情况

在"几乎不用计算机写作"的学生中,大一新生占比72.22%。从大一到大四这个阶段,"全部都用计算机"和"使用计算机频繁"的百分比呈连续快速上升的趋势;从大四到毕业的这个阶段,"全部都用计算机"的百分比迅速上升(见图1-22)。从调查结果中不难发现,新闻传播类专业学生在专业课程学习过程中,已逐渐适应网络信息时代的写作趋势,选择用计算机、网络进行写作。

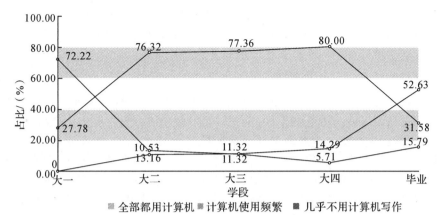

图 1-22　各学段大学生写作新闻稿件过程中的计算机使用情况

二、网络和写作能力培养

网络技术环境、数字时代给新闻传播类专业学生写作带来了无限广阔的空间,最关键的是打破了传统新闻写作模式。与传统新闻写作相比,网络技术环境对专业学生写作能力的提升有积极影响和消极影响。

(一)积极影响:从资料到线索的便捷获取

一是海量的网络资源有助于写作者更快地搜集到需要的资料。网络是一个虚拟的信息社会,是一个信息海洋,它具有广泛、新颖、易获取、快捷等优点,是传统搜集资料方式所无法比拟的,网络内容丰富,学生可以随心所欲地查阅到各种与新闻写作相关的信息、素材。

二是网络提供的新闻线索、背景资料能激发采写兴趣。网络技术环境下新闻写作的一大变革就是具有链接功能,使新闻报道的容量不受限制,可以无限延伸,具有无限的报道深度和广度可能。目前,网络新闻配发的背景资料方式主要有两类:一是在网页上设置"相关新闻"按钮,以帮助读者进一步阅读和理解;另一种就是通过"超级链接"功能,即到另一网站查阅相关背景材料。通过查阅相关新闻资料,网络上提供的新闻线索、写作角度可能会让学生眼前一亮,从而激发其进一步采访写作的兴趣。

三是网络技术环境下,计算机写作方便快捷、时效性强。计算机写作减少了人工书写的额外负担,带来了许多便利。文字可以随意组合,句子可自由扩展,以及信息的剪切、复制和粘贴都非常方便。作品完成后,可以免去誊写的麻烦。计算机的强大存储功能,可以将写作成果存到电脑硬盘或者是云存储,需要用到时用打印机将其打印出来即可,保证文稿干净整齐。

(二)消极影响:从提笔忘字到思想匮乏、思维混乱

任何事物都具有两面性。计算机写作无疑是给写作带来一场革命,但它给写作带来方便快捷的同时,也带来了一系列的实际问题。

1. 书写能力与"提笔忘字"

文字符号作为一种传播媒介,在信息传播的过程中,有着超时空的传播能力,无论是传统的写作模式,还是网络技术下的写作模式,都离不开文字符号。然而,计算机和网络的普及在扫除了"现代文盲"的同时,却带来了网络时代的"新文盲"。

课题组调查显示,86.5%的学生表示自己在手写新闻稿件的过程中,"遇到过提笔忘字或写错别字"的情况,其中62.0%的学生认为自己书写能力下降,经常出现提笔忘字的现象。由

此可见,网络技术环境使文字记录方式发生了重大变化,学生长期使用计算机写作,渐渐只能大致记住汉字的形体,真正提笔时无法正确按笔顺写出具体部首和结构。"提笔忘字"正成为新闻传播类专业学生写作中一个令人忧心的现象。

2. 作品思想性缺失

在当下全球思想文化交融的新时代,面对用户生产内容的挑战,新闻写作者比任何时候都需要更加清醒地认识自我与他人的不同,这就对新闻报道的思想性提出了更高要求,通过加强新闻报道的思想性,才能更加有效地引导受众辨明差异、澄清是非,提高受众的思想理论水平。

虽然运用计算机和网络写作可以大大提高文本质量,减少重复性劳动,但是计算机毕竟是人工智能,目前仍然无法对人的思维、想象、情感、意志、价值观、世界观等内在精神世界进行完全的模仿。然而,面临网络技术的巨大冲击,诸多学生开始将网络视为"万能钥匙",除了在网络上寻找新闻线索、搜集素材外,就连新闻观点也从网络获得,严重影响了学生独立思考的能力,这种新闻写作中过分依赖网络的问题正在肆意蔓延。

计算机的高速运行将人的思考推入了快速的思维运动节奏之中,导致思维碎片化和浅显化。同时,计算机与网络技术养成了人们对网络信息的依赖,学生疏于对原问题的独立思考,文章极有可能成为二手材料的拼凑,降低了新闻作品的深度与高度,影响作品的思想性。

3. 作品完整性和系统性不足

在碎片化趋势下,网络信息日益剧增,信息比较零散,缺乏系统的管理。互联网上,精华与糟粕并存的现象屡见不鲜,充分展现着网民信息获取和传播的平等自由,这也就容易造成信息碎片化和信息泛滥的局面。特别是互联网信息更新速度快,旧信息还没得到广泛传播,新信息就已将其覆盖了,可能被覆盖的便是有价值的信息。

据统计,69%的学生认为"网络信息碎片化,影响写作表达的完整性和系统性"。由此可见,大学生在进行新闻写作素材搜集过程中,难免会搜集到许多碎片化信息,很多学生写出来的新闻作品没有完整的思路和系统的逻辑思维,新闻作品的系统性和完整性受到较大影响。

4. 甄别素材过程困难

在网络信息给新闻写作带来帮助的同时,网络虚假信息和垃圾信息的蔓延也给用户带来了困惑和忧虑。网络信息资源浩如烟海,要从互联网获取真实有效的信息,必须要经过严格筛选和过滤,从中去伪存真,汲取有用信息。

调查中,76%的学生表示"网络信息海量,搜集甄别素材有困难"。由此可见,网络信息资源庞大,任何人都可以在网上传播信息,且常是隐身发表,这就可能造成虚假新闻增多,给造假提供机会。由于网上的文章可以随时下载,导致抄袭或者对文章改头换面的"洗稿"之风盛行,这对新闻专业学生在写作中选择、甄别素材的过程造成一定困难。

5. 采访实践积极性降低

在新闻业务中,新闻写作是新闻采访、新闻编辑等新闻传播流程中的一个重要环节,其写作水平的高低与写作之前的采访环节、写作之后的编辑环节密切相关。新闻写作属纪实性写作,"用事实说话"是新闻写作的基本原则,与其他观念性写作(如评论写作、文学写作)的重要区别之一是不能发挥想象力,所以必须让学生在寻找事实后开展写作新闻。

调查发现,59.5%的学生表示"在网络技术环境下进行新闻写作,采访实践的积极性消弭"。有些学生在新闻采写过程中,既不亲自采访,也不亲自写作,以我为主,直接将网上言论内容作为采访内容,甚至将部分网民的言论观点夸大为整个社会的观点,以偏概全,更有甚者,直接将网络上的新闻截取下来,完全没有新闻调查的过程。新闻写作更是有过之而无不及,有些学生在新闻写作过程中将网上言论大量复制、粘贴拼凑为所谓新闻稿件。如此不负责任的新闻采写,将会对将来的新闻工作带来极大的消极影响。为博得"眼球",降低新闻价值,忽视了真正的新闻热点,并出现虚假报道的现象。同时,在如此环境中,学生的新闻采写能力也势必会被进一步弱化,而只能沦为"二手新闻"的传播者。

6. 作品原创性降低

计算机与网络写作的原创性问题已经成为社会关注的热点,特别是进入到海量信息时代,信息的获取相对快捷、容易,写作的惰性也容易养成,再加上思维固化与功利心理,学生写作盲目、急切、没有原则等心理诟病都显现出来。其原创性困境主要集中表现在作品内容及形式的雷同化、模仿化严重等,以及网络抄袭现象在高校内大行其道。

在网络技术环境中出现的不道德新闻写作与传播行为,需要法律的规范,以对网络新闻从业者形成强制性的约束。从学生这方面来看,部分学生没有端正学习态度,放松了对自己的要求,错误地把新闻写作看作一种负担。而网络抄袭由于时间成本低,且被发现一般也没什么惩罚性成本,正迎合了这些学生投机取巧的心理。殊不知,若不能正确对待、使用网络资源,而是抱着"互联网信息量大,抄袭不易被发现"的心态进行网络抄袭,极易养成不良的学习习惯。学生失去了独立思考和调查的主动性,长此下去将形成学习思考上的惰性,这不仅影响学生将来从事新闻工作时的采访调查和写作能力,还有可能涉及侵权等违法行为。

7. 交往动机减少

新闻写作活动的实践性强,因此在学习过程中,学生与老师、同学的交流尤为重要,但是因为网络信息资源丰富,学生对网络资源的依赖使他们忽视了重要的现实交流。课题组调查结果显示,有39.5%的学生认为在网络技术环境下写作新闻,导致自己无法、也不愿意更多地与老师、同学交流。由此可见,网络虚拟环境对新闻传播类专业学生人格塑造产生了一定影响,使得他们在现实生活中的交往动机减少,影响了正常的学习和社会交往,对未来即将从事的职业亦有潜在的不利因素。

三、写作能力的提升对策:重基础、强训练

课题组调查显示,有88%的学生认为经常使用计算机进行新闻写作对自己的写作能力"有影响",其中33.5%的学生认为对自己的写作能力"影响很大"。另外,41.5%的学生认为计算机和网络的发展对新闻专业学生的写作能力影响是"弊大于利"的(见图1-23)。基于上述调查结果,课题组对网络技术环境下提升新闻传播类专业学生的写作能力提出了一些应对之策希望对于这一问题的解决产生积极而有效的影响。

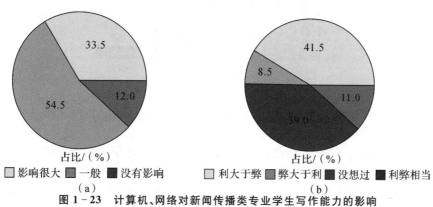

图1-23 计算机、网络对新闻传播类专业学生写作能力的影响

(一)加强"笔杆子"训练

在网络技术环境下新闻传播类专业学生写作能力培养现状调查中,有84.5%的学生建议加强"笔杆子"的训练(见图1-24)。要加强"笔杆子"训练,应从以下三个方面入手。

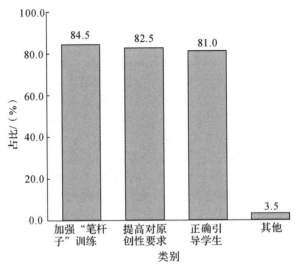

图1-24 提升新闻传播类专业学生写作能力的对策

1. 强化写作基本功

针对"提笔忘字"的现象,著名学者王蒙先生曾说:"遗失了中国的传统文化之精髓与汉字原形,我们成了数典忘祖的新文盲",这绝非危言耸听。13.0%的学生认为自己"书写基本功不扎实"是"提笔忘字"的主要原因。此外,在关于"网络技术环境下进行新闻写作的困难"的调查中,有11.5%的学生认为自己的"语句组织能力欠缺,文章不够流畅";还有7.5%的学生表示自己"对新闻写作的格式不够清楚"。这些都是写作基本功欠缺的具体体现(见图1-25)。

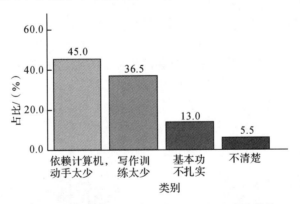

图1-25 新闻传播类专业学生新闻写作水平评估

动手书写汉字,从古至今,人们已经积累了很多经验,关键在于强化持之以恒的意识。学生从小学开始练习书写,学习字词句、语法规则等,但这并不意味着到了高年级这些基本功就不需要练了,中华汉字博大精深,只有不断强化训练、持之以恒,才能打牢写作基本功,也只有基本功扎实,新闻写作能力才有了不断提升的根基。

2. 探索融合写作新形态

调查中发现,45%的学生认为经常出现"提笔忘字"的主要原因是"对计算机和网络产生依赖,动手太少"。如何使传统的动手书写与现代的计算机网络书写技术相融合,从而构建教学形式,这是应该得到重视的一个新闻传播教育新命题。让新的技术为传统书写文化注入新活力;使传统的书写文化在新技术支撑下,焕发持久的生命力。这种写作形态的特点是快捷、方便和高效。这也是"手写"和"机写"两种方式的有机融合,其意义和价值值得进一步研究。

3. 强化写作的思想性训练

好的笔杆子并不是天生的,是在长期训练中培养出来的。有36.5%的学生认为"提笔忘字"的主要原因是"平时写作训练太少"。由此而知,新闻写作课堂应"以练为中心",精减写作理论的讲授,着重突出写作技能的训练学以致用。

在新闻写作教学过程中,有好的笔杆子,就必须有思想,不然就只是一副空皮囊。看别人的,写自己的。提高学生新闻作品的思想,可以通过读新闻、分析新闻、评新闻等方式练习。让学生在讨论中掌握写作规律,让学生带着问题阅读和思考。古人说:"学起于思,思源于疑。"不疑无思,不思无学。阅读后,让学生结合案例对问题展开讨论,让学生由被动地听转变为主动思考。只有调动学生学习的积极性与主动性,才能使学生对学习新闻写作产生浓厚兴趣和强烈写作表达动机。

(二)引导学生理性认知网络媒体信息资源

在网络技术环境下新闻传播类专业学生写作能力培养现状调查中,81%的学生认为在网络技术环境下,要提升写作能力,就需要从专业能力培养的角度出发,改变对网络媒体信息资源的态度。

1. 理性、正确认识网络信息资源

网络信息,也称网络资源,指人类社会中以网络技术为载体,以信息为主要对象的可用于创造物质财富与精神财富,具有一定量的积累的客观存在。网络信息中包括具有现实价值的网络信息、具有潜在价值的网络信息和无意义的网络信息。现阶段,人们获取信息大多数采用搜索引擎,它们从互联网提取各个网站的信息,建立起数据库,并能检索与用户查询条件相匹配的记录。但在实际运用中,搜索引擎也有其局限性,简单的关键词搜索反馈的信息量过大,过多的关键词搜索反馈的信息量过少,大量内容雷同、重复冗余的信息与正确有效、来源可靠的信息鱼目混珠,使人难辨真伪、不知道该如何取舍。

大量的资源为新闻写作带来了许多便利,但并不意味着网络上的信息都是适合有用的,只有理性、正确地认识了这一点,学生才能在新闻写作中正确利用好网络资源,也只有这样,网络技术环境才能对新闻写作发挥出积极作用。

2. 学会甄别、利用有效信息

要获取真实有效的信息,一是要从信息的来源分析,看信息的提供者提供的信息是否真实可信;二是从目标信息(用户需要捕捉的信息)的选择进行分析,看信息获取的最终结果的有效性,能否满足提问者的实际需求;三是从信息内容方面分析,寻找提供的信息有没有真实可靠的依据。具体说来,甄别、利用有效信息的方法包括学会正确使用搜索引擎搜索相关信息,坚持利用正规合法网站获取信息,掌握信息下载及提取方法。

(三)提高作品原创性的要求

针对网络技术环境下新闻传播类专业学生写作能力培养现状——关于"在网络技术环境下,提升新闻专业学生写作能力的方式"的调查中,有82.5%的学生认为要在网络技术环境下提升学生的写作能力,必须要"提高对作品原创性的要求"。作为将来要从事新闻工作的新闻传播类专业学生来说,为了投机取巧,漠视新闻规律和职业道德,利用现代化的网络工具复制、抄袭,对人才培养质量存在潜在的、重大影响,对此必须采取相应对策,制止这种不良风气在高校继续蔓延、滋生,引导学生树立科学、正确的学习观。

网络如此发达,新闻写作教学中有必要引导学生在利用网络资源时,必须遵守著作权的要求,合理地使用网络资源。马克思说:"人民的信任是报刊赖以生存的条件,没有这种条件,报刊就会完全萎靡不振。"作为将来要从事新闻事业的学生来说,必须要在学习的过程中杜绝抄袭行为,教师可以明确的要求来规范学生平时的新闻写作,从一开始就抓好学生的新闻工作从业规范和职业道德教育。

(四)加强师生交流,培养学生寻求真相、教育应研究的能力

新闻写作是新闻传播类专业学生的必修课程之一,是新闻业务的重要组成部分,实践性非常强,要求通过大量实践,来培养学生的应用能力。学生的实践能力又必须通过课堂教学模式的转换和课后练习方式的改变来培养。教育应真正帮助学生理论联系实际,突出新闻写作课程的特色,鼓励学生积极主动参与,培养学生实际动手能力和质疑问难的精神,鼓励学生大胆寻求真相。

教师在指导学生写新闻的过程中,应注重把理论与实践密切结合起来,让教师的指导和学生的写作实践落到实处。通过多读,学习如何让表达更有条理、语言运用更自如;通过多写,进一步掌握语言表达的条理和方法。教师在布置基础的理论作业的同时,应安排足够的时间让学生走出去,亲自采访、亲自写作,通过大量的实践,提高学生驾驭语言的能力。

(五)加强常态化的实习、实训

新闻传播类专业常态化实习不仅对新闻传播类专业学生具有重要的意义,而且是实践教学的重要环节。高校加强新闻写作的常态化实习、实训,应从以下几方面展开。

1. 重视新闻写作理论与实践相结合

清华大学教授李希光说,"新闻学教育中存在着理论与实践严重脱节的问题,一些新闻与传播学院培养的人不会写有新闻的新闻,只会写无新闻的新闻。"高校必须改变传统办学思想,重视理论与实践相结合,认识到实践教学的重要性,把"知"和"行"统一结合起来。另外,高校应调整课程结构,加强通识教育的力度,调整人文社科类基础课和传播科技应用课的比例,增加实践教学时间。一些新闻实践课程可以安排在校园媒体或报社、广播、电视台来完成,给学生更加直观的写作感受。

2. 强化高校实习基地建设,提高写作实践强度

学生专业实习基地,不仅是学生实践能力培养的重要方式,而且是高校与新闻单位合作共建的平台。高校除了利用校园报纸、广播站、电视台之外,还应该和当地的报纸、广播、电视等媒体建立广泛而密切的联系。有条件的院校也可以和其他地区的媒体建立联系,通过建立新闻实践基地以满足学生新闻实习的需求。同时,在这一过程中重视、加强对学生写作能力的实践训练。

3. 引导学生主动开展新闻写作实践

新闻传播类专业学生从大学一年级开始就应提前做好准备,在不耽误课程情况下,主动加入校园媒体,如校报、校电视台、校广播台等,多参与校园媒体报道,增加新闻写作能力训练机会。另外,新闻传播类专业的学生也要利用寒暑假,进行社会实践,积极主动联系实习单位,与媒体建立密切的联系,增强社会经验,尽量先后选择不同的媒体实习,了解不同媒体的工作性质和媒体的动态,加强对不同媒体新闻稿件写作的认识。

网络技术环境对新闻写作而言是机遇也是挑战,高校新闻传播类专业学生应在挑战中充分利用网络技术环境的优势,摒除网络技术环境所带来的消极影响,加强对学生笔杆子的训练,引导学生理性、理智认知网络媒体信息资源,提高对作品原创性要求。另外,还应加强师生交流,培育学生的实践创新能力,培养学生寻求真相、调查研究的能力;高校应加强常态化的新闻写作实习、实训,提升学生的新闻写作能力,为学生顺利成才打下坚实基础,这也是我国新闻事业培养人才、储备人才的必由之路。

第二章 课程思政

习近平总书记在全国高校思想政治工作会议上强调,各类课程与思想政治理论课同向同行,形成协同育人效应。新闻传播类专业教学过程中有明确的思想理论素质培养要求。高校新闻传播类专业课程思政在元素发掘、载体建设方面应充分挖掘地方特色教育资源,利用独有的育人环境和场域,着力培养具有牢固马克思主义新闻观、过硬思想素质并且德才兼备的新闻传播类专业人才。

探索实践地方文化资源在新闻传播类专业课程思政过程中的作用及其实现方式,并着力提升教师育人责任意识和育人水平,推进课堂教学改革和第二课堂专业实践育人工作,协同驱动新闻传播类专业课程思政。"四轮"驱动模式的构建与实践是地方高校从实际出发实现立德树人目标的一种创新与实践。

红色新闻资源就是一种具有特定历史语境和专业内涵的文化资源,其不仅具有广泛意义上的红色资源当代价值,还对新闻事业、新闻工作者和新闻教育都有较好的现实影响意义。将红色新闻资源应用于新闻专业课程思政,对新闻专业学生以及新闻工作者践行马克思主义新闻观、树立新闻专业主义精神等都具有很好的借鉴作用和理论指导意义。

作为新闻传播类人才培养的重镇,高等学院应注重培养学生的社会实践能力,既把实践当作一种教学方式、育人过程,又使实践成为教育的最终目的。通过实际有效的社会实践教学,使学生获取知识的能力得到提升,专业素养得到锻炼,综合素质得以全面发展。这也意味着,通过科学的社会实践,让学生深化专业知识能力的同时,更好地提升专业技能,以适应社会和传媒行业发展对于人才的需求。

2.1 课程思政的方法和路径

做好课程思政是当前新闻传播高等教育的一项重要工作。新闻传播类专业课程思政元素载体建设应充分挖掘地方特色教育资源,利用特色的育人环境和场域,着力培养具有马克思主义新闻观、过硬思想素质并且德才兼备的新闻传媒专业人才,确保培养的学生"下得去、留得住、用得上"。在这个过程中,学校要加快转变教育教学理念,从教师本位转向学生本位,勇于改革教育模式,搭建学生实践育人平台,践行"三全育人"理念,以促成新闻传播类专业课程思政的教学合力为目标。

习近平总书记在全国高校思想政治工作会议上强调,各类课程与思想政治理论课同向同行,形成协同效应。新闻传播类专业教学过程中有明确的思想政治理论素质培养要求。学校必须明确新闻传播类人才培养事关新闻舆论工作的发展全局和未来媒体产业发展的重要意义。在课程思政理念指导下,要积极发掘具有潜在思想政治教育价值的区域文化资源,并能突破区域限制,努力培养出具备牢固的马克思主义新闻观、能适应新时代社会需求的卓越新闻传播类人才。

一、新闻传播类专业课程思政面临的挑战

(一)学生政治理论素养相对不足与新闻舆论工作坚持"政治第一"原则

目前,拥有新闻传播类专业的高校已经迎来了"00后"学生,新生代青年群体是在网络化环境下成长起来的网络"原住民",热衷网络和技术、忽略时事政治是他们的突出群体特征,而"碎片化阅读"成为他们对社会认知的重要特征。当前,新闻传播类学生有着较强的学习能力和输出能力。他们在热衷于技术研究和探讨的同时,对理论知识和思想政治的学习却有不同程度的缺失。网络媒体像是一个充满诱惑的空间,一些自媒体为了博眼球、获得10万+的阅读量无所不用其极,而一些注重视觉效果的传播行为和缺乏理性思考的文章对于学生群体来说是极具诱惑力的"潘多拉魔盒",使其在技术和政治的两端渐行渐远。

新闻传播类人才培养要坚持"政治第一、技术第二"的大方向,明确了解培养新闻人才不仅仅是"术"的教导,更是"思"的培育。基于此,针对现有的新闻人才培养模式,要加强顶层设计,做到多学科、全方位、立体化、协同式的课程思政教学方式,提高学生的思想政治理论素养,实现立德树人目标。

(二)教师在课程思政中的"三个质"考量

课程思政工作的顶层设计包括建立国家、学校、学院三级联动的保障机制,完善教学过程组织制度、学校思想政治教育体系,课程思政评估考核制度以及师生互动交流制度。顶层设计下制度的完善需要教师的内驱机制配合,"课程思政"建设过程中要牢牢把握住教师这个关键点。学校要激发专业教师投身课程思政的主动性、积极性和创造性,突出教师在新闻传播类专业课程思政中的主导作用,避免课程思政出现顶层设计与教师主导地位相脱离的现象。

1. 专业教师课程思政的能力

专业课教师是推进课程思政工作的具体实践者。教师思想政治理论水平和认识问题的高度、角度、深度直接影响思想政治教育效果的实现。科研成果并不能和教师的思想认识水平直接挂钩，两者不存在必然联系。学术科研能力强的教师并不代表其思想认识水平也能达到同样的高度。因为育人的关键在于立德树人，所以包括新闻传播类专业课程思政在内的所有思政工作的关键还是在于教师。

教师课程思政的资质主要从两方面来考察，一是对教师思想素质和自身育人认知能力的考察，二是对教师课堂教学能力的考察。专业教师的修养水平和教学能力是课程思政的前提和基础，唯有学高才能为师，身正才能为范。新闻传播类专业课程是一个蕴含鲜明思想理论知识的学科，更加要关注专业课教师的思想理论素养。

课程能力主要考察教师的专业素质和理论素质，能否有效地将课程思政和专业课有机地融合开展教学。数据显示，真正能够做到将专业课内容与思想政治教育相结合的专业课教师仅占28.1%，说明有能力做课程思政的教师占比不高。将教师的自我认识提升转化到思想政治教育认识上，以及将思想教育有效融入新闻传播类专业课程当中，是当下专业课教师要面临和解决的问题之一。专业课教师应当把握新闻传播类专业育人规律，进行教学目标、教学内容、教学方法、教学资源的合理布局，挖掘课程思政的丰富元素，创新教育方案，细化教学目标和教学策略，促使课堂教学水平和育人水平同步提升。

2. 专业教师课程思政的潜质

教师是否具备课程思政的能力是探讨其能否开展课程思政的问题，而潜质则是考量教师在有能力进行课程思政的基础上愿不愿意融入相关内容。传道、授业、解惑是传统文化对为人师者三个层面的解释。随着时代的发展，社会和国家对为人师者有了新的要求：师者既要做"经师"，更要为"人师"。

"道虽迩，不行不至。"当下，部分学校不同程度存在重科研、轻教学的问题。教育大背景下的科研导向不同程度影响着教育原本的育人属性。教师缺位、课堂乏味的现象时有存在。学校要勇于破除妨碍教育发展的不利影响，倡导教师回归初心，首先做好育人工作，注重教学和课程思政工作。通过完善和落实课程教学责任制度，积极调动专业教师的主观能动性，激发教师对新闻传播类专业课程思政的热情，只有充分地发挥教师的主观能动性，课程思政才能落到实处，教育才能实实在在地回归本位。

3. 专业教师对课程思政效果的影响

这一方面主要考验新闻传播类教师课程思政的能力水平，以及以此为基础的课程思政教学是否能够达到教学预期效果。教师开展课程思政教学和项目建设要注重课程的质量问题，让专业课也能上出"思政味"，在提高学生学习专业课热情的同时，提高其思想政治水平，真正地做到润物细无声。教师想在学生的心中种下以马克思主义新闻观为指导的新闻理想和新闻情怀的种子，势必要发挥好、利用好课堂这个主渠道、主阵地的作用。在课程建设和实施的过程中，依托地方新闻文化资源，开发课程思政案例库，打破传统教学模式，开展现场教学，利用"互联网＋教育"理念创新教学形式，形成独具特色的"线上＋线下"混合式课程思政示范项目，引领整个专业学科的育人工作。

在课程思政考核的过程中必须注意两个问题：一是找准靶心，强化效果导向，就是要明确学生是课程思政最主要的对象，而专业教师则是主要实施者；二是利益相关者必须明确考核不是课程思政的目的，它只是作为一种检验效果的辅助手段。思政考核制度刻板化、教条化，违背教育规律,最终也只会本末倒置。

(三)课程思政的动机与效果

新闻传播类人才的培养不仅仅是"术"的教育,更应该是"思"的教育。"课程思政"效果直接作用主体是学生,学生的效果反馈直接关系到"课程思政"的成功与否。思政的精髓在于无形而有为,其效果目标就是要学生将思政刻入灵魂,做到内化于心、外化于行。

新闻传播类专业人才培养方案、课程设置、教学设计、教学实施的丰富和发展路径中的任何一个环节对于课程思政都极为重要。目前,对于课程思政的教学质量监控和检测仍是重点和难题,制度建设是学校"课程思政"的根本保障,上层建筑中的顶层设计需要再完善。如果没有完善的制度保障,其变为现实就会有难度。一般来说从教师和学生两点出发,一方面考量教师的教学设计合理程度、思政与专业课的融合程度,对教学方式的评判可作为教师课程思政的依据之一;另一方面是对学生思政元素的吸纳消化程度的考核,将学生的生活、实践行为变化与课程思政联系起来,目的在于检验课程思政的教学效果。

二、新闻传播类专业课程思政的基本内涵与教学理念

(一)课程思政与"三全育人"

中共中央、国务院在《关于加强和改进新形势下高校思想政治工作的意见》中提出"三全育人",即全员育人、全程育人、全方位育人的要求。"三全育人"综合教育改革是加强改进新形势下高校思想政治工作,全面落实立德树人根本任务的战略举措。

"三全育人"和课程思政是整体和部分、系统和要素之间的辩证关系。"三全育人"作为高等教育育人的大方向具有总揽全局、定位思想和掌舵的作用,课程思政则是推动和保障"三全育人"有效实施的具体路径和方法。两者相辅相成推进党和国家教育理念和育人格局的形成,主要要求提高学生的思想认知。推动"三全育人"理念的落实和发展不仅要着眼大局,更要精准定位,做好每一个环节,扣好每一粒纽扣,课程思政就是一个重要的落实手段。

课程思政要求教育主体高度重视学生思想素质和理想信念的培养,并制定和完善与之相适应的制度体系,从根本上确保课程思政工作的实施及其效果实现,号召专业教师在全身心投入课程思政教学改革的过程中实现人生价值。此外,高校要善于利用地方优势资源,从空间和时间上为新闻传播类专业课程思政创造客观有利条件。课程思政在时间、空间和资源分配上形成立体化、多维度的全员、全程、全方位育人模式,是高等教育立德树人理念科学性的体现和实施的前提条件。

(二)课程思政的育人路径

1. 第一课堂和第二课堂协同发展

就课程思政的具体内涵和社会意义而言,其本质就是将言传身教专业知识与潜移默化育人相结合的一种育人路径和方法创新。强调在思想政治理论课以外的课程中融入思想政治教育元素,以促进学生的专业能力与价值塑造的良性、建设性互动为目标,以课堂教学为"主渠道"的育人模式。

新闻传播类专业课程思政的实现,必然要求融合第一课堂和第二课堂,让课堂教学走出教室,让专业知识、思想政治理论知识成功走进学生的心里。一成不变地固守传统的"三尺讲台"可能使学生成为思想上的"囚徒"、行动上的"矮人",而过分追求第二课堂,最终也会本末倒置,使学生成为思想的"流浪者"。

对此,教师在具体实施新闻传播类专业课程思政的过程中必须明确,丰富第二课堂的目的在于提高专业学生对理论的认知水平,从实践的层面反观理论的价值和生命力,培养学生对专业课的情感和专注度,促进学生的全面发展。专业课教师只有协同利用好第一课堂和第二课堂,明确两者对于课程思政教育的具体作用,才能真正提高新闻传播类专业课程思政的有效性。

2. 显性教育和隐性教育相辅相成

据调查,高达86.8%的高校专业课教师认为,在日常专业教学过程中对学生进行隐性思想政治教育工作不属于自身职责范围。这一数据说明专业课教师对于学生思想政治工作的教育重视不够,教师对课程思政的认知有偏差,这些都将会从根本上影响学生发展。"课程思政"的内涵取向就是打破思想政治教育和专业课教学的壁垒,希望通过"润物细无声"的方式对学生的世界观、人生观和价值观进行潜移默化的引导,从而促进教师与学生传统、单一教学关系和教学模式的创新。

除了普通高校开设的思想政治课程外,新闻传播类专业课程设置当中的《新闻职业道德与法规》《马克思主义新闻观》等,作为专业学生思想教育的必修通识课,有助于培养学生的历史认同感、民族归属感、国家荣誉感、职业规范等。同时要求专业教师打破固化的教育方式、方法认知的思维壁垒,促使显性教育和隐性教育相辅相成,共同有效地开展课程思政教学,加快育人合力的形成。

三、新闻传播类专业课程思政的实践拓展

(一)挖掘特色育人资源

学校对课程思政建设的重视程度直接影响立德树人的效果和学生的受益程度。因此,学校要紧跟时代的步伐,提高站位,认识"课程思政"的必要性,提升立德树人的针对性和时效性,加强思想道德建设,以自我革命的勇气大力开展新闻传播类专业的课程思政教育教学改革和创新。在这个过程中,学校要立足本地,强化课程思政特色品牌建设。挖掘高校所在区域特色资源是创新新闻传播类专业课程思政的重要路径。认真审视、充分利用地方区域红色文化、传统文化等文化资源优势,实现学校特色育人创新与发展,做到物尽其用、人尽其才。

例如,延安大学地处革命老区延安,红色新闻资源聚集的地缘优势非常鲜明。这些优势成为该校卓越新闻人才培养的特色发展土壤,该校紧紧依托这一优势,以"三全育人"理念为指导,把红色新闻资源充分融入新闻传播类人才培养全过程,培根铸魂育英才。学校致力于探索和实践延安红色新闻资源在新闻专业教育教学过程中的作用,推动卓越新闻人才培养改革取得重大成效,推动以课程思政为重要导向的卓越新闻人才培养方式和教学方法创新。

延安大学依托地方资源培养具有马克思主义新闻观和创新特质的新闻传播人才实践,形成具有高校鲜明特色的马克思主义新闻观教育方法、体系与模式,在同类高校具有一定的推广价值。该校配合课堂教学选编"共和国新闻人物""延安时期新闻人物"等课程思政案例库,最终形成《〈新闻采访与写作〉课程思政案例库》《〈新闻编辑〉课程思政案例库》等与专业课教学紧密联系并具有高度嵌入可能的课程思政案例库。

(二)调查学生需求

课程思政教学受到网络媒介、课堂教学方式、教学内容和教学氛围等因素的影响。新时代的新闻传播类专业大学生对新鲜事物保持强烈好奇,接受信息和处理信息的能力较强。因此,面对接触信息多元、形式多样的教学对象,课程思政教学必须由教师本位转为学生本位,教师要注重因材施教,打破"一言堂"的传统教学模式,善于依据学生的知识储备、学习习惯和思维模式,通过教学改革促进学习革命、思想理论水平提升。

例如,中南大学积极提倡"以学生为中心"的同时,重视教师的主导地位,调查学生需求和困惑,坚持以培养人才为目标,教师为课堂提供素材,学生自主发挥的"供给侧"教学模式。当然,前提是教师应当将思政教育素材巧妙融入课程当中,让学术课也有思政味。新闻传播类专业学生思想较为活跃,专业教师应该把握学生群体的信息接受特征,"因课制宜"地选择适合专业课堂的教学方式方法,科学设计课程考核的相关内容和方式,真正实现因材施教,努力翻转课堂,构建出线上与线下相结合的新型课程思政教学模式。

(三)结合时政热点案例

高校注重新闻人才的培养,尤其要注重对新闻传播类专业学生的思想教育,唯有"守正"才可能"创新"。专业教师要聚焦时事热点,关注社会动态,结合当下时政热点开展启发式教学。从实践和案例切入,在课程建设中要讲好中国故事,使课堂真正实现用"滴着露珠的事情"增强代入感和感染力。

例如,佳木斯大学以"华为产品发布会策划案"为例,利用文字、图片等内容向学生展示从"麒麟"到"中国芯",再到备受关注的5G应用以及与之相关的热点事件,以此引申到讨论社会主义核心价值观的传播策略。教师讲授思想政治与新媒体特性之间的张力关系,让学生独立思考,尝试用多途径解决问题,并激发学生的爱国热情,培养学生的责任感和使命感。教师要以问题为导向,用经典的、新鲜的时政案例结合灵活的教学方法,实现对人的培养和教育。

(四)加强实践过程育人

新闻传播类专业学生不能做书斋里天马行空的学问家,而要做"政治家办报"的实践家。学校要培养出既有扎实的理论修养,又能"招之即来,来之能战"的实用性新闻人才,就要充分发挥地方媒体、校园媒体的育人作用,引导学生创设自媒体平台,为教学创设临场化环境,把新闻教育"学中干""干中学"的模式付诸实践。

搭建实践活动平台,举办专业竞赛活动,为学生提供实际操作训练的机会。一方面可以提高学生对学科专业的热情和兴趣,同时也是学科推广的一个有效途径;另一方面,促进了学生的专业交流和思想碰撞,有助于塑造团队精神。

当前,学校大都具备校内的实践教学资源平台,一般性的校园电视台、学校广播台、学院院报、学院网站、微信公众平台等都是新闻学专业学生媒体采编能力实训的重要平台。尤其是县级融媒体的建设更是为专业学生提供了基层实践学习的条件,打通了专业课程思政的"最后一公里"。

校外实践的教学资源可以利用当地的融媒体中心、电视台、报社、广播电视台等社会资源,以思想教育与新闻实践为旨归,将马克思主义新闻观教育内化到专业学生的理论学习和专业实践中,强化学生的政治意识、新闻法规与职业道德意识,实现"立场稳、作风硬、能力强"的新闻传播人才培养目标。

(五)积极开展社会调查

"没有调查,就没有发言权。"通过形式多样的课程化社会调查活动,新闻传播类专业学生得以观察社会、了解社会,加深对理论的理解和社会的认识。社会调查活动能帮助学生在生活和实践中树立新闻理想,为培养懂国情、知民情的新闻人才打好基础。

理论结合实践,再作用于实践是一个不断发展的过程,此过程使学生真正做到"在学中干,在干中学"。新闻的力量在于把对国家、人民和生活的爱融入对职业的爱当中,在实际与人接触的时候,不断地触碰一颗颗真诚而又纯朴的心灵和故事。

例如,延安大学新闻学专业围绕原六盘山(区)贫困山区农村居民的微信使用情况等进行实践调研,倡导学生与大地亲吻、与生命对话。这一过程中,学生能够感受到贫困背后一颗颗善良淳朴的心,感叹贫瘠土地背后孕育伟大生命的力量和脱贫攻坚精神,这是学生用步伐丈量出的点滴新闻情怀,是一种高度的自我认同、专业认同和国家认同。延安时期新闻工作的优良传统和新闻精神鼓舞着新闻学专业学生的成长与成才。

将新闻写在大地上,将理想树立于胸中。唯有俯身先躬行,心中才能看得到乾坤。课程化的社会实践调查是"三全育人"理念的一个集中体现,也是课程思政的生动实践。对于应用型、实践性特色鲜明的新闻传播类专业来说,是一种可以借鉴的课程育人路径。

四、教学过程中"三个度"的把握

(一)教学氛围的温度

良好的教学氛围会加深学生对教学内容的理解和记忆,拉近人际交流的教育传播起着促进师生关系的催化作用。教师要坚决摒弃讲台上照本宣科的习惯,转而重视对教学氛围的把握营造,开展"有温度"的教育。教学案例中的人和事是有温度的客观存在,教学双方也应该是有温度的价值共同体。专业教师在教学过程中可以利用新闻热点或模范人物事迹进行课程教学,用真实的故事感染学生、熏陶学生,进而达到学术课也能上出"思政味"的效果。

只有将单向、填鸭式、教化式的宣讲转化为双向性平等互动、滚动式协同学习语境,避免专业课堂思政元素生拉硬拽式的灌输,最终才能使课堂教学达到"1+1>2"的效果。新闻传播类专业的课程思政是对传统教学方式和"教"与"学"关系的解构和重新整合,消解了学生对第一课堂和第二课堂泾渭分明的刻板印象,也是在对新闻传播类专业新教学模式的探索实验过程,督促显性教育和隐性教育的协同发展。

(二)师生关系的广度

研究分析发现,师生关系感知、对"课程思政"满意度的影响效应最大且以正向直接影响为主,该研究用实验数据和研究结果说明了有效的师生交流带来师生关系的变化,可以成为教学体系建构的又一重要环节。建立良好的师生互动交流关系,不仅可以加强学生和教师之间的交流,从而改善师生关系,而且专业学科和思想建设的有效传播在某种程度上还可以拓宽师生关系的广度,打破传统的教与学的关系。

新闻传播类专业课程思政要重构高校新闻传播课堂的教学关系,重视建立知识与人、与生活等多向度的师生交融关系,营造一种较为客观、平等的教学环境。教书育人在于"明事理,知善恶",教师要成为学生专业上的导师,也要有能力成为学生生活上的导师。

(三)认知思维的深度

新闻学与传播学无论从应用层面,抑或是理论层面来说都具有鲜明的时代特色。专业课教师要利用一切可以利用的思政题材从中挖掘思政元素,在课程中,从思想的高度探究社会动态,提高学生认知思维的深度和视界的宽度。延安大学新闻学专业加强马克思主义新闻观教育,利用教学和文化资源优势,领悟中国新闻传播事业史中的延安精神,加深对马克思主义新闻观内涵和中国化过程的理解,通过开展现场教学活动把延安时期新闻工作者敬业奉献精神渗透到第一课堂教学当中。该校同时和复旦大学等高校联合成立"红色文化传承和马克思主义新闻观教育联盟",与中国人民大学、陕西师范大学等联合组织"重返红色新闻历史现场"活动,拓展马克思主义新闻观教育的时间和空间。

新闻传播教育工作者要深刻把握专业课程思政的内在生成逻辑,准确分析实施新闻传播类专业课程思政的现实要求,切实发挥课堂主渠道作用,统筹高校育人资源和育人力量,提升课程思政的教学效果。

目前,新闻传播类专业课程思政的建设随着学科和时代的进步在不断地深化,理论研究成果已经初见成效,但是具体的实践和操作路径仍然有待进一步地探讨。新闻传播类专业课程思政建设不能一蹴而就,高校和专业课教师对待课程思政要有大刀阔斧的改革勇气和决心,并能持之以恒,课堂才能真正地被翻转,效果才能被凸显。

新时代新闻传播类专业课程思政对于专业人才培养来说,既是一次机遇,也是一次挑战。课程思政的特殊性导致难以对其教学成果进行量化反馈。一方面是对教师绩效的考核,其主要包括教师的思政方向、素材选择、与专业融合程度以及达成度的问题;另一方面是对学生思政学习应用能力的考核,学校目前只有比较规范的终审性考核,还在探索加大过程考核成绩在课程总成绩中的比重等创新性的考核方式。因此,现阶段新闻传播类专业课程思政大多是应然考量,仍然缺乏有效的、经得起教学实践检验的举措,这也是专业课课程思政过程中遇到的不可避免的现实问题和挑战。

2.2 "四轮"驱动模式的构建与实践

"四轮"驱动模式是地方高校从实际出发,实现立德树人目标的一种创新与实践。在课程思政过程中探究地方特色文化资源的作用及其实现方式,并着力提升教师育人责任意识和育人水平,推进课堂教学改革和第二课堂专业实践育人工作,推行过程性考核引导学生树立正确学习观,协同驱动新闻传播类专业课程思政教学工作,推动地方高校内涵式发展。

要用好课堂教学这个主渠道,思想政治理论课要坚持在改进中加强完善,提升思想政治教育亲和力和针对性,满足学生成长发展需求和期待。其他各门课都要守好一段渠、种好责任田,使各类课程与思想政治理论课同向同行,形成协同效应。课堂是育人的主阵地,教师是育人的主体。具有责任意识和精湛教学技能、"上好课、育好人"的教师从全过程育人出发,主动打破专业教学第一课堂和第二课堂的育人元素传授壁垒,将具有亲和力的思政元素全过程自然融入,以过程性考核驱动全过程育人,是育人协同效应形成的必要的"组合拳"。

据统计,地方高校和其学生数量占全国高校和大学生数量的90%以上,地方高校的人才培养在我国人才培养体系中占有重要地位。地方高校同样也是新闻传播类人才培养的重要组成部分。客观存在的校情、教情、生情相对差距与独特的地方文化资源禀赋,使地方高校新闻传播类人才培养挑战与机遇并存。探索实践地方文化资源在新闻传播类专业课程思政过程中的作用实现及其实现方式,并着力提升教师育人责任意识和育人水平,推进课堂教学改革和第二课堂专业实践育人工作,协同驱动新闻传播类专业课程思政。"四轮"驱动模式的构建与实践是地方高校从实际出发实现立德树人目标的一种创新与实践。

一、"四轮"驱动模式提出的教学问题场景

新闻传播教育自始至终都与社会发展和变迁存在着紧密的联系。为区域经济社会发展培养高素质人才是地方高校的根本使命,但地方高校办学条件一般较差,基础薄弱,知名度不高。地方高校在立德树人、推进课程思政工作的过程中面临着许多突出的矛盾和问题。这些矛盾和问题的解决过程也是其彰显办学特色,提高办学水平和人才培养水平的过程。

第一,地方高校优质常规教学资源相对短缺与课程思政资源丰富性、独特性之间的矛盾。地方高校新闻传播类专业教学相对于部属、"双一流"、中心城市高校,无论是硬件设施、教学理念,还是师资队伍、生源质量、科研经费都存在一定差距。加之地方政府的有限投入,这种差距的形成也直接导致地方高校新闻传播教育"紧抓快上"后,面临后续发展动力不足的问题,也从根本上制约地方高校教书育人、管理育人、环境育人、科研育人、环境育人的实现。

课程思政背景下的地方高校拥有许多无法替代的专业思政资源。地方性的特色文化资源、区域社会发展情况等可以提升专业课堂教学内容的亲和力和传播力,增强思政元素的可感性和影响力,进而转化为育人引导力。这是开展课程思政、提高学生价值认同和办学水平、凸显育人特色的重要突破口。例如延安时期的红色新闻资源、文化资源是中国共产党人在民族危亡之际求索革命道路和新闻宣传工作实践的物质载体和记忆,是马克思主义新闻观中国化成果的具体实践和成果形成的重要物质载体。驻地高校延安大学以此培养新闻传播类专业学生知历史、晓民情、懂国情、会学习、爱实践的精神品质,凸显地方高校的育人优势与特色。如

何化解常规教学资源不足和特色地方文化资源禀赋之间的矛盾,是地方高校新闻传播教育为专业建设和学科建设赋能的过程,也是在立德树人过程中化"劣势"为"优势"的重要机遇。

第二,地方高校的区域性与育人视野的全局性之间的矛盾。"为党育人、为国育才"是高等教育的使命和责任,也是新闻传播类人才培养的旨归。地方高校虽地处地方、偏于一隅,但也要回答好高等教育人才培养的时代之问,肩负起培养具有家国情怀、政治素质过硬、业务素质精尖、服从国家需要的传媒人才重任。地方高校新闻传播类人才培养和立德树人工作应立足地方、面向全国,紧跟传媒发展和经济社会变迁。但区域经济社会发展的相对滞后性极易对教育教学和人才培养产生制约和限制条件,不利于教师对人才培养方案、教学内容做出全局性的研判,也不利于学生在成长过程中否定性和批判性向度的形成。

因此,从高等教育的使命和全局出发,把地方特色文化资源中本质的、全局性的育人元素融入课堂教学过程中,形成协同育人效应。推动学生情感价值、知识结构、能力素养形成的同步性,是地方高校新闻传播类专业课程思政产生与时代同频共振效应要解决的问题。

第三,地方文化资源思政意义的历史性与专业教学的时代性之间的矛盾。地方文化资源的生长和形成具有特殊的时空语境。红色文化、新闻资源是一定时期党领导新闻宣传工作发展的历史见证,是新闻宣传历史活动的物质载体。区域性、历史性的文化资源在社会发展变迁中发挥了重要而独特的作用,推动了历史的进程。其具体的知识特点具有历史性和典型性。这些资源的形成是人类社会发展规律的产物,也是历史发展的产物,其必然具有鉴往知来的重要时代价值。因此,特色地方文化资源的发掘和融入对新闻传播类人才培养具有全局性的重要意义。

但值得关注的是,地方文化资源、红色资源具体内容与新闻传播类人才培养、专业教学内容的时代性、时新性建构具有一定的对抗性。如何把具有普遍性意义的育人元素挖掘并融入教学过程,实现对其精神品质的课堂迁移,实现思政资源从历史向当下的内涵式迁移就成为地方高校新闻传播类专业课程思政特色化发展要解决的问题。

第四,地方文化资源的理论性解读与专业教学的实践性指向的矛盾。地方红色新闻资源的物质载体是具象的,在对其解读认知的过程中形成了大量的、抽象的理论成果,具有明显的理论性指向。基于一定历史时期社会发展与新闻宣传工作实践的理论阐释,与新闻传播教育的实践性、时新性略显脱节。如何把抽象的理论作品、精神品质与当下新闻传播类专业教学实践结合起来,是一个具体的矛盾和问题。

马克思主义新闻观是高校课程思政中意识形态非常凸显的一门课程,也是新闻学专业的思想政治课。新闻传播类专业属于应用型专业,社会实践是必不可少的环节。从全过程育人的角度看,在厘清马克思主义新闻观教育与专业实践教育之间的关系过程中,解决地方文化资源、红色新闻资源理论性与专业教学实践性的矛盾是地方高校新闻传播类人才培养具体的、现实的、紧迫的课题。

二、"四轮"驱动模式要解决的具体教学问题

一是高校优质红色文化资源利用不充分、不科学的问题。课程思政语境下的许多高校拥有许多无法替代的思政资源。如延安大学处在非省会城市,却拥有丰富的红色文化、红色专业学科资源,这是开展政治学类、法学类、文学类、社会类、金融类专业课程思政及马克思主义新闻观教育宝贵而又独有的资源。

当地红色文化资源育人功能的实现需要结合具体的社会历史场景、具体的专业知识语境解读,生搬硬套不仅不能实现育人作用,而且会成为"硬思政"。合理的专业融入是实现思政资源从历史向当下内涵式迁移的关键。

二是高校专业课教师课程思政不能做、不愿做、不会做的问题。课程思政顶层设计包括建立国家、学校和学院三级联动。专业课教师是推行课程思政的主体,教师思想理论修养直接影响课程思政的元素发掘是否具有高阶性;教师课程思政的主观能动性和理念、方法直接影响课程育人方法和效果的实现。

三是专业教学实践育人功能不明显、不突出的问题。延安红色文化资源的呈现形式具有明显的理论性指向,源于当时推动陕甘宁边区社会发展的工作实践。如何把抽象的理论、精神品质与当下新闻传播类、文学类、政法类、金融类教学的实践结合起来,是一个具体问题。通过新闻学、文学、历史学等现场教学和讲解,结合具体的历史场景、社会实践还原理论产生的实践历程,完成精神溯源,使其滋生出有效的当代意义和价值。

四是学生学习考核方法不灵活、不全程、不科学的问题。考核的真正目的在于引起学生对学习方法的反思,正视知识能力不足,促进师生教育教学活动的有效开展。目前大学课程的考核评价存在平时考核不够、学习引导力不够的问题。课程育人是一种隐形思政元素的持续渗透,需要注重过程。过程性评价和结果性评价的结合会产生持续的育人引导力。

三、"四轮"驱动模式的构建与内涵

从地方高校新闻传播类专业课程思政面对的问题出发,认真审视育人过程中的各个主体与环节,找到切入点,是课程思政问题解决的关键。教师是课程思政工作开展的主体,其对课程思政的认识和责任心体现是做好这项工作要解决的首要问题;思政元素的发掘与导入是教学内容层面的重要环节;专业实践教学则是通过教学形式、课堂场景的变化催生出新的课程育人元素;教学活动监控、评估和学生学习的考核是全过程育人效果实现的重要保证,以上四个方面是地方高校新闻传播类专业在课程思政教育教学改革过程中的重要环节。基于此,构建并实践的课程思政"四轮"驱动模式具有清晰的思路、丰富的内涵和具体的可操作性(见图2-1)。

图2-1 地方高校新闻传播类专业课程思政"四轮"驱动模式示意图

第一,地方红色文化资源驱动,守好课堂育人主阵地。每所地方本科高校所处区域内的自然资源、人文历史和行业企业都不相同。强内涵、创特色的办学之路,要求地方高校走出"围墙",融入和深度参与地方和区域经济社会发展的实践。地方高校新闻传播类专业课程思政变"劣势"为"优势"的关键在于用好、用足地方特色文化资源,更新、充实教学内容。根据《高等学校课程思政建设指导纲要》要求,形成地方文化资源与专业核心素养培养矩阵。立足区域和地方,由突出优势走向注重特色,必须对地方资源进行广泛调研,要深度挖掘地方历史文化和人

文资源,就地取材、就地加工、现场教学,从用好地方红色新闻资源的角度挖掘思政元素,开发课程。坚持"盐溶于水""雪融于水"的课程思政理念,结合新闻传播类专业教学要求,创新思政元素的融入路径和传播路径。

独特的资源和良好的融入技巧是育人功能实现的关键,要因校制宜、因地制宜、因课制宜,发挥好地方文化资源、基层典型案例的育人作用。在地方文化资源的融入策略上坚持"分门别类、宜统则统、宜分则分",全面融入相关专业教学过程,最终实现"点、线、面"育人元素全方位融入,全课程隐性贯通。在融入的过程中,强化问题导向和过程导向。以红色文化资源为新闻传播专业基础课"补钙";以红色新闻资源为新闻传播类专业核心课程"强基",驱动课堂育人内容有特色、上台阶、出效果。

第二,课程化社会实践驱动、反哺专业教学育人,做透社会实践新文章。地方高校应聚焦区域经济社会发展的内生需求,真正培养与时代需求一致、产业转型升级对称、技术创新要求相符的一流的应用型技术人才,这样的人才培养目标必然要求地方高校进行治理转型,构建动态调整机制,优化教育布局与结构。由此可见,新闻传播类专业理论教学与实践脱节的问题,是一个教学问题,更是一个重要的思政课题。从地方实际出发,大力开展课程化实践育人,坚持"把新闻写在祖国大地上,把感动留在我们心里",关注区域社会发展突出问题,开展"行走的马克思主义新闻观教育",培养"懂国情、知民情"的新闻传播人才,在实践过程中提出并解答"我们发展面临什么问题、我能做什么"等课程育人核心问题。一方面提高了学生专业学习的热情和兴趣;另一方面促进了学生的专业交流和思想碰撞,为国家培养一批立场稳、作风硬、能力强的新闻传播人才。从根本上解决地方高校人才培养与区域经济社会发展之间的对标关系。

第三,"教师技能+课堂改革"驱动。大学教学文化是质量建设的核心,而大学教师发展是质量建设的基础。专业教师是地方高校课程思政工作开展的主体。"课大于天"的工作认知和投入以及精湛的教学技能是育人效果实现的重要影响因素。基于此的课堂教学理念创新、课堂教学改革、考核方式改革与课程思政融入课程的要求不是对立的,而是统一的,有相互影响、相互促进的正相关关系。

鼓励教师在教学方式上采用探究式、启发式、参与式的教学方法,加大实践教学比重,重视培养学生的实践创新能力。针对新闻传播类专业学生思维活跃、对新事物敏感的特点,要做到因课制宜选择适合专业课堂的教学方式,科学设计课程考核内容和方式,采用翻转课堂、PBL、对分课堂等教学模式,建构出"线上+线下"的新型课程思政教学模式,实现线上线下"同心圆"。

第四,过程性考核驱动学生学习,催化育人元素影响教育对象从态度改变到行为转变。过程性考核不是单次考试的简单叠加,而是指对学生教学的整体过程进行有点有面的考核评价,目的是更好地调动学生学习的积极性和主动性,引导学生认识到课堂的教学过程比结果更重要,更好地促进学生独立思考能力的培养和课堂教学内容应用的提高。过程性考核旨在将学生学习注意力导向过程,规避传统考核方式单一、次数少、周期长,缺乏引导性、客观性的弊端,符合课程思政育人元素内化的长期性和内隐性传授要求。在过程性评估模式中,学生可以主动接受信息,主动构建自己的知识框架和知识获取方法。在过程中获取知识,整合知识,并将所学的知识落实到未来的社会实践中,可以更好地反映"学习如何学习"本身比"学习什么"更重要的观点,不仅关照了"学中干、干中学"的新闻人才成长模式,其本身也帮助学生树立以获得感为重要指标的正确学习观。

四、"四轮"驱动模式的实践路径

教学内容、教学主题、接受主体、传授形式是"四轮"驱动模式关注、解决的核心问题,也是地方高校从实际出发,在课程思政教学实践中创新的主要着力点。

第一,把地方特色文化资源作为课程思政元素分散融入课程,或是开发专业思政大课驱动课程思政教学。这主要根据思政元素的分布情况以及与专业、课程、教学章节的内在关系链,宜统则统、宜分则分。

一是把系统性的专业育人资源做成思政大课。延安大学作为延安驻地高校,建设的教育部首批国家级课程思政示范课程《陕甘宁边区新闻史——走进红色新闻历史现场》就是把延安精神,延安时期新闻宣传工作的实践、经验和优良传统融入专业教学的重要实践之中,也是地方高校"立足中国土、回到马克思"开展新闻传播人才培养和马克思主义新闻观教育的创新性尝试,旨在培养具有崇高的家国情怀,敢于担当、乐于奉献,具有全局观念和国际视野的新时代新闻舆论工作者。

二是建立地方文化资源、红色新闻资源与新闻传播类专业核心素养培养矩阵。深入研究地方红色文化、红色新闻资源的价值禀赋和育人元素布局。对照中国学生发展的核心素养,以"点对点"的方式,发现红色文化、新闻资源与核心素养的对应关系。明确其在地方高校新闻传播类专业学生成长过程中的地位与作用,形成并融入明确的必要性认知。把分散性的红色文化资源分门别类整理,分专业、分课程、分章节具体融入专业教学,建立可以直接操作运用的"地方文化资源课程思政案例库"。其编写目录以课程思政目标为经,以专业课程教材为纬,覆盖新闻采访、新闻写作、新闻编辑、新闻作品、名记者等业务主干课程。

第二,认真研究地方高校新闻传播类专业教学双方的教情、学情。充分了解地方高校新闻传播类学生的知识构成、学习认知习惯、信息接收偏好,确定合理有效的地方文化、红色新闻资源、思政案例"进课堂、进课程"策略。如地方高校大部分学生来自农村,具有为人朴实、学习踏实、师生之间信任度高等学习品质,教学融入思政元素后会产生相对较好的学习效果。

课程思政提倡用隐性的方法开展。"隐"的前提在于对相关教材的深入研究,对教学规律、知识特点的熟练掌握。通过对教材的深耕,形成基于教材、课程的融入策略和课程思政主题。依据课程教学目标与任务,研究其知识谱系和结构,形成明确的红色文化、红色新闻资源、课程思政案例融入思维导图。以上工作在延安大学的实现都是建立在对分课堂工作坊、翻转课堂工作坊、课程思政工作坊对教师教学技能培训和教学水平的提升基础之上。

第三,发挥地方高校地处地方的优势,结合新闻传播类专业人才培养的需要,创立实践育人、实践成果反哺教学的模式。人才培养的需求,是社会服务反哺人才培养模式形成的动力性因素。无论是校内实践,还是校外实践,其过程和成果均是具有重要价值的课堂教学育人新案例。

一是开展校内常态化实践。结合延安时期新闻教育"学中干、干中学"的良好育人传统,以"清凉山"卓越新闻人才培养为突破,开展常态化的校内专业实践。通过"清凉山新闻工作坊""创新创业训练模块"以及班级微信公众号、学院新闻宣传全媒体集群等方式,开展实践育人。

二是开展校外课程化实践。延安大学经过十多年的实践积累和总结,建成陕西省实践类本科一流课程《新闻调查实务》。该课程明确在新闻学专业人才培养方案中,常态化社会实践教学,开展"行走的马克思主义新闻观教育",走进田间地头、社区工厂,聚焦社会发展问题、难题,开展社会调查、资政育人,确保整个实践教学走实、走心,并进行规范化的配套考核。

第四,以提高学生学习过程中的获得感为主导,着力引导学生注重学习过程;结合业务课程教学实际,以任务、项目为驱动,建立学习过程性考核任务清单;分解期末考试压力,引导学生树立正确的学习观。延安大学基本建立了1∶1的过程考核与期末考核比例,切实践行"三全育人"理念。

课程思政是高等教育发展过程中关注的一个新问题,也是高等教育教学深化改革、实现人才培养目标的重要改革领域和时代命题。地方高校地域位置不同将会从不同方面、不同程度对新闻传播类专业教育的资源获取产生影响。但其优势就在于对特色地方文化资源挖掘,形成独特的地方高校课程思政教育资源。把地方文化资源迁移到人才培养主环境——专业课堂教学中,是实现新闻传播类专业课程思政的重要方法。以此为主导的"四轮"驱动模式,实现"课堂教学让学生脑袋动起来""实践教学让学生腿脚动起来""常态化考核让学生学习过程忙起来"等育人目标。但是,对其育人效果的评估可能需要一个长期的过程,不可急功近利,这是由教育教学和人的认识规律决定的。

2.3 红色新闻资源立德树人

红色新闻资源是一种具有特定历史语境和专业内涵的文化资源,其不仅具有广泛意义上的红色资源当代价值,还对新闻事业、新闻工作者和新闻传播类专业教育等都有较好的现实意义。将红色新闻资源应用于新闻传播类专业课程思政,对新闻传播类专业学生以及新闻工作者树立专业主义精神、践行马克思主义新闻观都具有良好的指导和教育意义。本节我们以延安红色新闻资源为例展开论述。

延安是红色新闻资源的重要富集地之一,延安红色新闻资源是中国共产党领导的以延安为中心的陕甘宁边区新闻事业发展过程中存留下来的新闻资源,更是物质财富和精神遗产的集合体。比如延安新闻纪念馆、王皮湾延安新华广播电台旧址、延安清凉山革命旧址、枣园以及延安时期涌现出的优秀新闻工作者的新闻思想等等,这些都是延安红色新闻资源的重要组成部分。

延安时期中国共产党的新闻实践和新闻思想,是延安红色新闻资源的重要组成部分,为当代新闻事业的发展奠定了基础,也是专业红色资源的代表。延安红色新闻资源在当代中国新闻传播语境下,仍然具有强烈的现实意义。延安时期中国共产党领导新闻事业发展的成功实践为当代新闻事业的发展确定了方向。因此,延安红色新闻资源走进新闻传播类专业课堂,对当下新闻传播类专业课程思政工作有着重要的意义。

一、红色新闻资源的教育价值

延安红色新闻资源不仅承担着红色旅游、爱国主义教育等功能,其内容蕴含深刻的思想性、厚重的文化性和鲜活的现实性,更是一种物质形态与精神形态相统一的教育资源。延安红色新闻资源对当下新闻传播类专业学生以及新闻工作者专业素质的提升有积极的作用。

(一)红色新闻资源是新闻传播类专业课程思政的生动教材

延安红色新闻资源不仅是新闻事业发展的历史呈现和真实再现,也是为以后新闻事业的发展奠定了基础,留下了宝贵精神财富的新闻宣传实践历史载体。延安时期优秀新闻工作者的新闻思想、办报理念、工作原则以及新闻作品的写作风格等都对新闻传播类专业学生有学习研究和借鉴意义,也为新闻传播类专业课堂的多样化提供了鲜活的教材。例如穆青、陆定一等大批延安时期优秀新闻工作者的事迹及其新闻作品,《解放日报》改版后的办报理念和社论写作方法等,这些作为延安红色新闻资源的组成,在当下的新闻传播语境下仍然发挥着重要的指导作用,是新闻传播类专业学生学习实践的生动历史教材。

(二)红色新闻资源是新闻工作者的典型范本

延安作为新中国新闻事业的摇篮,党成立以来有关新闻方面的理论与实践都在这里不断地完善与发展,并一脉相承。延安《解放日报》改版后在新闻报道中坚持党性原则,一直是新闻工作者坚守的准则,党性原则和马克思主义新闻观是统一的,是每一位新闻工作者必须具备的政治素养。除此之外,学习《边区群众报》大众化传播实践,坚持贴近实际、贴近生活、贴近百姓的原则,坚持俯下身、沉下心、察实情、动真情、讲实话,用老百姓喜闻乐见、听得懂、看得明白的方式来传播新近发生的事实,以此来反映百姓生活,指导实践,引导舆论。这些都是延安红色新闻资源当代价值的具体体现和进一步发展,是每一位新闻工作者应该学习的宝贵专业财富。延安时期形成的马克思主义新闻观中国化的成果是每位新闻工作者遵守的标尺,时刻警醒着广大新闻工作者坚守新闻道德,坚持专业学习,虚心向他人请教,做新闻宣传工作须"勿忘人民"。

延安时期留存了大量的物质文化遗产。延安新闻纪念馆收藏的大量延安时期的照片、文献资料、出版设备等,具有重要研究价值。另外,延安新闻纪念馆、王皮湾延安新华广播旧址及延安时期的报刊原件等物质资源,这些都是当下新闻工作者、新闻传播类专业大学生学习延安时期新闻工作做法、作风的重要材料。可以适当地组织新闻工作者来实地考察、现场教学,学习延安时期优秀新闻工作者的新闻思想以及工作作风,以便更好地做好新时代的新闻舆论工作。当然,前提是一定要做实,要专心,而不是走形式。

二、红色新闻资源课堂教学开发的现状

人们习惯将红色新闻资源笼统地归类于红色资源,对其开发更侧重于它的革命传统教育功能,而没有将红色新闻资源对新闻传播类专业学生课堂学习的重要性充分凸显出来。这就使得红色新闻资源在新的传播语境下没有发挥其应有的作用,对其进行合理的开发也很迫切,尤其是将红色新闻资源应用于新闻传播类专业课程思政显得尤为重要。红色新闻资源不仅是新闻工作者的典型范本,还是新闻传播类专业学生的"活"教材。延安红色新闻资源走进新闻传播类专业课堂,更是一种新的教育传播,实现了红色新闻资源重要的教育价值,因此有必要了解教学实践现状和存在的问题。

(一)新闻传播类专业学生对红色新闻资源了解不够

红色新闻资源对新闻传播类专业的学生具有重要教育意义,了解红色新闻资源有利于更好地传承与学习革命战争时期中国共产党领导新闻事业发展过程中所形成的优良传统。基于此,课题组抽取了在读和已经毕业的新闻专业学生,做了关于"红色新闻资源的课堂教学方法"的问卷调查。结果显示61%的大学生对红色新闻资源不了解,38%的大学生表示了解,仅有1%的大学生对红色新闻资源非常了解(见图2-2)。

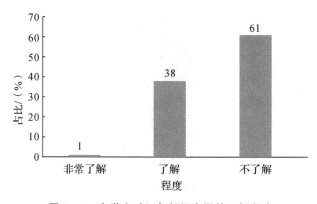

图2-2 大学生对红色新闻资源的了解程度

以上数据表明,新闻传播类专业大学生对红色新闻资源缺乏认识,也没有正确的价值判断,甚至不知道什么是红色新闻资源,由此可见红色新闻资源没有有效地迁移植入到大学生课堂和专业学习过程中。红色新闻资源走进新闻传播类专业课堂仍然面临诸多需要解决的问题。

(二)红色新闻资源学习途径单一

学生通过不同的途径来获取书本以外的知识,既丰富了自己的见解,也了解到了更多相关的知识,不仅有效提高了课堂教学质量,还提升了学生自主学习的能力。课题组对新闻传播类专业学生接触红色新闻资源的主要途径进行调查,结果显示目前学生主要通过教师课堂口述,了解红色新闻资源,渠道单一,学生多是被动学习,很难达到理想的学习效果,导致学生对红色新闻资源认识不够深刻。仅有26.5%的学生在课余时间查找资料,积极主动地了解红色新闻资源(见图2-3)。

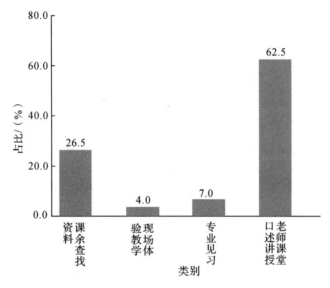

图2-3 新闻传播类专业大学生接触红色新闻资源的途径

(三)课堂教学渗透红色新闻资源效果欠佳

课题组调查结果显示55.5%的学生对教师在课堂中渗透红色新闻资源的教学效果表示不满意(见图2-4)。

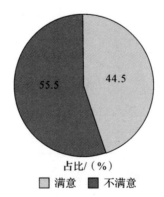

图2-4 学生对课堂教学中渗透红色新闻资源的满意度

红色新闻资源以一种传统的教学模式走进新闻传播类专业课堂,从目前延安大学新闻传播类专业学生的课程安排来看,有关延安红色新闻资源的相关课程和教学环节被安排在大二《中国新闻传播史》《马克思主义新闻观》等课程中,而其他新闻传播类专业课程较少提及。方汉奇主编的《中国新闻传播史》将有关内容编入"抗日战争时期的新闻事业"一章,归类于抗日民主根据地的新闻事业,篇幅较小。加之教师以单一的口述形式教授学生,导致教学效果不佳。传统简单的教学模式已经不能满足新闻传播类专业学生主动学习的需要,成为红色新闻资源融入课堂的主要挑战。

(四)红色新闻资源内容相对枯燥

红色新闻资源是革命战争年代新闻事业发展的见证,在中国新闻史上占有重要的地位,更是精神文化和物质遗产的集合体,贯穿在整个新闻事业的发展中。如延安红色新闻资源主要以历史事实为主,记载了延安时期优秀新闻人的重要活动以及突出代表性的新闻作品,大都以时间为线索。课题组了解到,学生在学习红色新闻资源的过程中,突出反映趣味性不够、参与度不够、主动性不够等问题(见图2-5)。

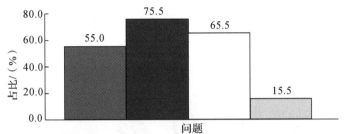

图 2-5 红色新闻资源教学中遇到的问题

趣味性学习以一种轻松娱乐的教学方式让学生踊跃参与进来,达到寓教于乐的效果。趣味性学习可以增强学生的自主学习意识,调动学生的学习积极性,充分发挥学生的主观能动性,实现对知识的理解与内化。红色新闻资源进课堂的趣味式教学理念与实践,基于教师对资源的深刻理解与科学运用。

三、红色新闻资源课堂教学开发的对策

当前,红色新闻资源的教育功能实现过程中,并未将专业性特点及其对新闻行业的影响力彰显出来,尤其是对新闻传播类专业学生的教育意义以及红色新闻资源如何走进新闻传播类专业课堂的问题没有予以重视。课题组调查结果显示,70.5%的学生认为学习红色新闻资源非常重要(见图2-6)。

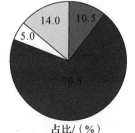

图 2-6 大学生对学习红色新闻资源的认知

红色新闻资源在当代新闻传播教育中具有不可估量的意义。红色新闻资源走进新闻传播类专业课堂,让大学生学习了解红色新闻资源,学习老一辈新闻人留下来的经典,对学生坚持马克思主义新闻观,传承优秀新闻精神,坚定理想信念,坚守新闻理想,增强新闻专业素质等方面具有重要的意义和价值,应该从以下三个方面去探索和实践。

(一)创新教学方式,丰富教学方法

创新教育已成为当前教育的共识,教学方法是学习的桥梁和纽带,合适的教学方法对于教师完成教学内容,实现教学目标,发挥教学主体作用,调动学生学习的主动性、积极性,启发学生的创新思维,都起着至关重要的作用。

当前,红色新闻资源应用于教学之中仍然面临严峻的挑战。课题组对新闻传播类大学生学习红色新闻资源的主要期望方式进行了调查(见图2-7)。

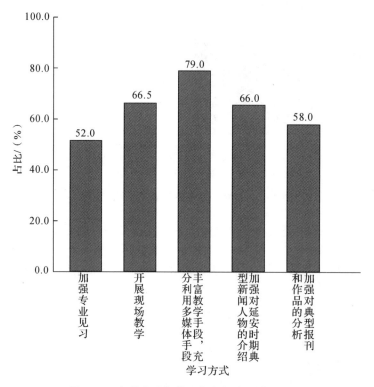

图2-7 大学生预期的红色新闻资源学习方式

第一,丰富教学手段,充分利用多媒体手段。从调查中可以看到,支持这类教学方式的学生占79.0%,说明这种方式还是大学生们喜闻乐见的。单一的教学方式是教师在黑板上写,学生在底下做笔记,面对冗长、枯燥、难以理解的红色新闻资源课堂内容,学生在接收方式上从一开始就是抗拒的。在教育信息化程度不断提高的今天,教师更应该丰富教学手段,改变传统的教学模式,抓住学生感兴趣的接受方式和形式,让自己的课堂丰富精彩。

红色新闻资源存在形式上有一些特点,大多是原生态的物质形态,很难直接搬到课堂教学之中。因此,教师可以将一些图片、文字稿、影印材料等带入课堂,将生硬抽象的材料加工后,做成课件以及影片资料,或者教师与学生可就延安红色新闻事业展开课堂讨论,争取让每个学

生都融入课堂氛围之中,最后交流心得体会。这样不仅加深了学生对延安时期新闻思想和新闻实践的理解,而且提高了学生学习的兴趣。

第二,开展现场教学。现场教学不仅是课堂教学的必要补充,而且是课堂教学的继续和发展,也是当下受大学生认可的一种教学模式。

延安红色新闻资源大多以物质形态存在,比如延安新闻纪念馆、王皮湾延安新华广播旧址及延安时期的报刊原件等物质资源,通过大量文物、历史图片、文献资料以及场景复原等,再现那段峥嵘历史,适合开展现场教学。延安清凉山是新中国新闻出版事业的摇篮,教师可以组织大学生进行参观。此外,还可以通过查看《解放日报》《边区群众报》等延安时期的报纸资料,了解延安时期新闻写作和稿件的组织方式。类似这样的现场教学可以弥补课堂教学的不足,教师可以结合实际,讲授理论知识,使抽象理论直观化,激发学生的学习热情,培养其独立工作的能力,提高学生的基本素质。

第三,加强对延安时期典型新闻人物的介绍。在延安新闻工作中涌现了许多优秀的新闻人物。在学习延安红色新闻资源的过程中,教师可以着重介绍这些优秀新闻人的办报理念、新闻思想和写作风格。如1942年延安《解放日报》改版,陆定一提出了"新闻是新近发生的事实的报道"。他的新闻思想和办报理念在当代新闻传播活动中仍然具有一定的借鉴意义,特别是对新闻理论发展有重大贡献。

第四,加强对典型报刊和作品的分析研究。延安时期比较有代表性的报刊是以中共中央机关报《解放日报》、陕甘宁边区党委机关报《边区群众报》为代表的党报;以《共产党人》《八路军军政杂志》《中国妇女》《中国工人》等为代表的半月刊、月刊杂志。这些刊物的历史原件或影印版散见于陕西省档案馆、延安革命纪念馆、延安新闻纪念馆、延安大学图书馆等地。如《边区群众报》是《陕西日报》的前身,是一份人民群众喜闻乐见的报纸。学生可以学习这份报纸大众化的报道方式和经营理念,学习《解放日报》改版后的办报理念和实践,学习这些报刊的优秀新闻作品,学习他们的写作风格以及背后的新闻思想与理念。

(二)实现课堂主体的真正互动,发挥学生主体作用

一味地"传""授"知识,教师占据了主导地位,学生的自主意识和探索精神便会慢慢丧失。学生是课堂的主体,教师应该发挥学生主体作用,把课堂真正地还给学生。

第一,教师树立"以学生为本"的教学观念。面对枯燥但并不难懂的"延安红色新闻资源"教学内容,教师如果一味地自己讲解,不给学生留有主动探索思考空间,势必会造成课堂效果不佳、学生不懂不理解的状况。课堂教学不仅要关注教学生什么的问题,而且要看用什么方式来教的问题。随着社会的发展,教师在教学活动中的地位和作用发生了很大的变化,正从"独奏者"的角色过渡到"伴奏者"的角色。即教师由过去一切自己说了算的课堂主宰变为促进学生学习,帮助学生答疑解惑的合作者,以平等对话者的角色参与学生的学习过程,关注学习的方法与效果。让大学课堂不再是一人的"独角戏",而是多种思想交流的场所。这样使红色新闻资源在更多人的语境下实现交流传播,大学生参与度提高,也会促进红色新闻资源的传播,这便是新课堂下双赢的结果。

第二,学生提高主动参与性,可选择合适的教材。在大学课堂里,学生不仅仅只扮演"听课者"的角色,更是课堂活动的参与者,应该充分发挥自己学习以及参与课堂互动的主观能动性。教材的选用是保障课堂教学质量的第一个环节。每位教师根据自己课程要求和学科特点,向学生及教材信息指导服务中心推荐相关的书目,由学生自由选定喜欢的教材。还可以把有关延安红色新闻事业的研究资料作为教材、参考资料,将穆青、陆定一等大批延安时期优秀新闻工作者的事迹及其优秀作品引入新的教材中去,将《解放日报》改版以及党报理论体系的形成过程,对新闻宣传工作的启示都添加到新的教学内容中,让新闻采访与写作、新闻评论、新闻编辑学的课程内容更加立体、丰富、充实,有纵深。

(三)建立健全合理、科学的教学考试评估机制

红色新闻资源应用于教学开发与研究,对其来说也是一种新的传播。当然对学生参与课堂教学的有效性评价,以及综合考试评估也要以一种新的模式进行,这样才可以激发学生学习红色新闻资源的兴趣,吸引学生对其进行深入研究。所以,可以从学生参与课堂教学的内容、教师引导学生参与课堂教学的手段、学生参与课堂教学的动机、学生最终参与小组讨论的分享效果等方面进行综合评估。这既是检验课堂教学效果、反映教学质量的重要手段,又是反映学生学习情况的最佳途径。

第一,大力革新有关红色新闻资源的考试内容。学习红色新闻资源的途径很多,考试内容不能太单一,必须以一种新的形式来考查学生,让学生运用所学的知识去认识问题、分析问题、解决问题,而不是简单地照搬笔记、死记硬背。考试内容的革新让学生走出传统考试模式的圈子,不仅加深了学生对红色新闻资源的理解,也利于学生更好地应用于实践,促进学生的全面发展。

第二,建立多种辅助考试评估制度,选择多种途径进行考试评估。传统的笔试考试在检验教学成果上存在很大的漏洞,因此,针对红色新闻资源的有关课程,应该实行灵活多样的考试评估方法。例如组织延安红色新闻资源讲演,延安时期优秀新闻人的办报思路以及新闻思想的讨论会,用多媒体配音形式对延安红色新闻资源还原讲述等,让考试评估更加多样化、个性化。在此过程中,既让学生很快掌握了历史史实,又对学生产生新的激励作用。

红色新闻资源在媒体融合迅速发展的今天仍然有重要的、不可替代的传播教育价值,尤其是对新闻传播类专业的学生和新闻工作者都有很重要的指导作用。延安时期提出新闻工作的党性原则,成为新闻事业发展的重要原则。延安时期优秀新闻人的新闻思想、办报理念和写作风格等都是当代新闻传播类专业学生学习的经典素材,学生要做到真学、真懂、真信,并融会贯通。

2.4 专业社会实践资政育人

当前,新闻舆论工作面临着复杂的国内外环境,新闻舆论工作对高校新闻传播类专业学生的综合素质要求也越来越高。要持续做好新闻舆论工作,专业学生应具备全面的实践能力与创新意识,以应对当下激烈的媒介竞争。新闻传播类专业学生在学习过程中,与新闻业界和社会产生联系的重要途径就是社会实践。高校作为人才培养的重镇,更应注重培养学生的社会实践能力,既把实践当作一种教学方式,又把实践作为教育的最终目的。通过实际有效的社会实践教学,使学生获取知识的能力得到提升、专业素养得到锻炼、综合素质全面发展。这也意味着,通过科学的社会实践,学生在深化专业知识能力的同时,更好地提升专业技能,以适应社会和传媒行业发展对于人才的需求。

新闻传播类专业具有鲜明的实践性与应用性,有效开展社会实践是新闻传播类专业学生综合素质能力提升的重要路径。新闻传播类专业实践课程教学设计可以资政育人为主要目标,以课程为主要组织形式,以社会问题为主要选题导向,以成果形成为重要推动力,通过社会实践,让新闻传播类专业学生对马克思主义新闻观做到真懂、真信,培养其以人民为中心的工作理念,使其成为懂国情、知民情的新时代新闻传播人才。

一、新闻传播类专业实践教学的时代意义

(一)高等教育发展的新要求

1. 西方新闻传播高等教育对实践教学的要求

西方新闻传播高等教育的发展,比较注重对学生知识结构的教育。使学生掌握实际操作技能是西方新闻传播人才培养的主要方向。

第一,美国新闻传播教育的重要特征是注重学生的实务训练和技能培训,以提高新闻传播类专业学生的社会责任与担当。在美国开设新闻传播类专业的高校中,大多教师具有新闻媒体从业经历,几乎很少有教授没有担任过记者的经历。美国新闻与大众传播教育会会长乔·福特认为:"新闻传播教育的使命是培养学生的社会责任,大众希望学校不仅教会学生如何做记者,也要使同学们懂得自己所从事的职业对社会发展会产生怎样的影响。"乔·福特的观点传达了美国新闻传播教育、新闻人才培养和社会之间的关系,高度概括了美国新闻传播教育的理念。

以美国哥伦比亚大学新闻专业的写作报道课程为例,为使学生的专业学习与社会接轨,学校将该课程安排在社会实践中。学生采用蹲点的方式,围绕某一社区居民的日常生活、民生民情以及自己的所思所感进行写作,模拟新闻媒体工作的全流程。经过新闻实践课程的锻炼,学生新闻采访、新闻写作能力得到锻炼,新闻敏感度也有所提升。

第二,英国新闻传播的重要特征是实用性强,旨在培养应用型、操作型人才。究其原因,英国新闻传播教育具有明显的就业导向性,大多数新闻传播学校都与业界有着紧密的联系,各高校培养的新闻学生基本都进入了新闻业界,从事新闻实务工作。培养实用性新闻人才的最好办法就是通过实践,因此各个院校都在不断强化其新闻传播专业实践性的效果。

通过英国各新闻传播院系的专业设置、课程设置,我们也能发现英国新闻教育对实践性的重视。英国谢菲尔德新闻传播学院要求新闻传播类专业学生不仅掌握新闻人所应具备的采写编评基本能力,也注重让学生从不同方面了解整个传媒生态,包括互联网、电视、广播、杂志的运行。针对不同传媒形态的传播属性、受众特点,学生要学习各类传媒形态的运行方法及风格特征,以做出更符合受众期待的优秀新闻作品。此外,该学院还配备了摄像机、照相机等相关设备,为学生实践发展提供良好的平台。

实践教学在西方新闻传播教育体系中占有十分重要的地位。结合美英两国新闻传播教育不难看出,实践教学不仅切实提高了学生的专业技能,而且对于新闻传播类专业学生职业责任感、社会担当感的培养具有重要作用。

2. 中国新闻传播高等教育的实践教学新发展

培养一线记者和专业传媒人才是当下新闻传播院校人才培养的目标。高校要紧跟时代发展需要,锻炼造就一批专家型、复合型新闻传播人才,不仅要如黄远生所言"脑袋能想、腿脚能奔走、耳能听、手能写",还要洞悉社会发展变化,做新时代新闻传播者,实践教育就是其中的一个重要遵循。

我国当下的新闻传播教育使实践教学在新闻人才培养体系中的地位逐渐得到提高。国内众多新闻传播院系每年都会利用寒暑假或者抽出一部分时间,由专门教师带领学生到偏远贫困的地方开展社会实践活动,让学生真正走向田间地头、工厂车间这些火热的社会发展实践中,以更好地了解国情、体察民意、及时了解社会思想动向。最终,学生将实践成果以实践报告的形式予以展现,一页页实践报告传达着新闻传播类专业学生对国情、民情、社情的调研结果与实践感受,是新闻传播类专业学生对以往所学新闻理论的深刻理解,促使学生对原有新闻观念进行反思,往往都取得了很好的育人效果。

例如,清华大学新闻与传播学院对新闻采访与写作课做了重大改革创新,整个课程都围绕"故事发生在哪里"这一新闻学最为关心的问题,引入"学在路上"这个教学理念,即"大篷车新闻学课堂"。在具体实践过程中,新闻传播类专业学生的脚步延伸到了内蒙古科尔沁草原、山西大同得胜堡、北京延庆凤凰岭等地,他们前往西藏"寻找心中的香巴拉"、踏入罗布泊寻访苏武牧羊之路、走进四川阿坝黑水重走长征路。用自己的脚步去探索,用自己的眼光去发现,新闻学专业的学生们体会着地域厚重的历史,感受着社会跳动的脉搏,学到了真实本领。

目前,虽然我国高校新闻传播类专业的人才培养模式不尽相同,但都对重视新闻传播实践教育有着共同的想法,他们不断创新,探索更加适合的实践方式,通过丰富多样的实践教学手段引导学生积极参与到社会实践中,了解国情,提高自身综合实力。

(二)实践教学的历史与现实

1. 实践教学的历史演进

辛亥革命后,社会各领域的发展产生了巨大变化,教育学科内容也随之得到了更新。1915年,陈独秀提出要发展职业教育,从此,职业教育逐渐代替了实利教育、实用教育和实业教育,成为当下一种重要的教育思潮,逐渐为教育界所遵循,新闻传播教育亦是如此。

1918年北京大学新闻学研究会成立时,当时的新闻教育受美国"密苏里模式"影响,面对新文化运动、五四运动等一系列爱国活动,新闻传播教育大多是基于新闻行业的发展以及对专业新闻人才的需求开展的,新闻教育的目的大都是服务于社会救亡图存的现实需要。此外,进行新闻传播教育的教师大多是具有丰富经验的报社记者,他们会将自己以往的新闻采编经验传授给新闻传播类专业学生,更加重视对学生实践技能的培养。

1946年3月,华北联大新闻系开始办学,全系学生大多是来自平津地区的知识青年,其新闻系注重对学生基本功的训练。他们以"实践与学习相结合"为口号,带领学生参加了土地改革等一系列实践活动。1946年,由范长江担任班主任的延安大学新闻班是中国共产党创办的第一个大学新闻专业,其战时新闻人才培养的基本模式是"学中干、干中学",把实践教学放在了十分重要的位置。

1995年,中国新闻教育学会第七次年会召开,会议指出要深化新闻教育改革,培养合格的新闻人才,其中具体一点就是要加大新闻实践教育的力度,利用各种途径培养学生观察社会的习惯,以促进学生的实习。

从新闻事业的发展之初,到现在进入新时代,新闻传播的实践教育一直在被提及与践行。不同时代,新闻实践教育有着不同的发展背景与职能使命。面对新时代,我们应在课程思政这一背景下,更加注重对新闻传播类专业学生的实践教学,以适应新时代发展趋势。

2. 实践教学的时代育人价值

第一,培养具有实践动手能力的人才,对新闻事业发展具有重要意义。时代在改变,但时代对于人才的需求这一核心要素始终没有改变,优秀人才推动着经济社会的持续发展。进入新时代,新媒体技术持续更替迭代,互联网发展日新月异的同时也面临着复杂的环境,这就要求当下新闻事业要拥有一支应用型、全媒型的人才队伍,不断为我国新闻事业发展注入新鲜活力。

2016年2月19日,习近平总书记在党的新闻舆论工作座谈会上指出,"媒体竞争关键是人才竞争,媒体优势核心是人才优势",这句话强调了人才对于媒体发展壮大的重要性。此外,习近平总书记还在多种场合中对重视新闻人才培养指明了重要性和实现路径,这对当下我国新闻人才培养确立了方向。

高校培养新闻人才要紧紧围绕习近平总书记的要求,一方面重视学生理论知识的培养,另一方面加强实践教学,在实践中不断历练,使学生真正俯下身子、练就实际本领、倾听群众呼声,做出有思想深度、有情感温度、有作品品质的优秀新闻作品,为我国新闻事业的发展添砖加瓦。

第二,改变当代青年的互联网接触习惯。当代青年是与中国互联网共同成长起来的,在互联网上有极高的活跃度。互联网为当代青年提供了新的交流方式和广泛的交流空间,网络匿名性的表达方式使大家在互不相识的空间里,彼此交流着多样的意见;互联网为当代青年提供了新的信息获取方式,"三微一端"的广泛普及,各种信息应接不暇;互联网为当代青年提供了新的休闲方式,以往面对面的游戏被网络游戏所取代,逛街购物被网上下单所取代,出门交友被无限刷短视频所取代……青年们可以各有所好地选择各种各样的休闲方式。

互联网为青少年带来诸多便利与娱乐的同时,其负面影响也在不断显现。其一,互联网传播的信息是快速且碎片化的,青年人还没有对刚接收到的新闻做深入思考,便被随机出现的新闻内容吸引过去,没有做到对新闻的深入思考与探究。其二,抖音等短视频根据用户画像为每一位用户精准推送,将热衷于网络的当代青年人困在"信息茧房"中,造成了青年用户的思想被禁锢。其三,互联网的匿名性在给人们提供充分话语空间的同时,会造成虚假信息的传播,鱼龙混杂的信息让原本判断力较弱的青年人失去了信息辨识度,容易造成不良后果。

新闻传播类专业学生面对海量而又良莠不齐的信息,更要提高鉴别力与辨识度,加强对国情、民情的了解与认识。在这一过程中,高校通过各类实践培养学生是至关重要的。各高校新闻传播专业要深入开展实践教学,通过实践让学生们真正"走出去",了解互联网上学不到、看不到的大智慧;通过实践,让学生了解自主探究的意义,主动探究会成为学生的一种动力;通过实践,带领学生用脚步去丈量、用亲身体验去感受,这样才是新闻人才实践教学的应有之义。

(三)课程思政的新语境

习近平总书记在全国思想政治工作会议上强调,高校要利用好课堂教学的主渠道,将思政元素融入各类课程的教育教学中,准确把握"三全育人"综合改革目标,全面提高人才培养质量。

新闻传播类专业在进行课程思政教育中,应注重学生的意识形态能力建设,构建"双向协同、三环节融合"的传媒课程思政育人模式,发挥思政元素在传达知识、提高能力、塑造价值中的隐形功能,促进学生专业课程学习和思政课程学习双目标的实现。"三环节融合"课程思政育人模式正可以实现这一目标。"三环节"即课堂吸收环节、阅读补给环节与实践内生环节。

1. 课堂吸收环节

课堂吸收环节是在知识讲授中加入思政内容。教师在尊重专业知识与课程教育目标的前提下,挖掘专业知识中蕴含的思政元素,通过列举、探讨、讲故事、提问等一系列学生感兴趣的方式,达到专业课程教育教学与思想政治价值观渗透的双重效果。

2. 阅读补给环节

阅读补给环节是在价值塑造中培育文化自觉。阅读是人类进步的阶梯,媒体人只有通过大量阅读,才能写出全面深刻的优秀新闻作品。青年时期正是人生价值观塑造的一大重要时期,学生通过阅读大量作品可以对我国发展历程中的优秀文化有所了解与体悟,不断提高思维的深度与广度,树立正确的价值观。

3. 实践内生环节

实践内生环节是在能力提升中筑牢政治认同。无论我国传媒产业如何快速发展,坚持中国共产党领导下的新闻事业仍是我国发展新闻事业的根本遵循。要牢固树立这一意识,就必须将课程思政与实践教学深度融合,使学生自己在实践中体会感悟,推动思政教育有实际育人功效。而实践教学的内容来源,可以是以往实践探究过,但仍需进一步研究的典型案例,也可以是某些社会热点问题,又可以从阅读过的书籍、教师学生队伍、身边事迹中寻找切入点,寻找与社会实践课程有关的思政元素。在最终的思政与实践教学中,要以实践任务为驱动,一方面促进学生在新闻采集、写作、编辑、评论等方面能力的提高,巩固学生的实际操作技能;另一方面推进学生关注各行各业与社会的整体发展,大力弘扬社会主旋律,以此培养新闻传播类专业学生实践作品的选题温度、实践效度。

当前媒体处于大变革时代,传媒行业需要一批具有坚定社会主义核心价值观的新闻传播人才。学生不断加强实践锻炼,才能使自己的新闻作品更具感染力与渗透力。因此,新闻传播教育深入挖掘新闻传播课程的育人元素,对新闻传播类专业学生适应媒体发展、社会变革,培养家国情怀具有重要作用。

二、社会实践教学的意义

(一)行走的"马克思主义新闻观"教育

1. 马克思主义新闻观的生动实践

马克思主义新闻观是无产阶级在长期领导开展新闻宣传工作实践过程中形成的,它是对新闻事业经验与传统的科学总结,是对马克思主义新闻思想与理论的高度概括。习近平总书记在党的新闻舆论工作座谈会上强调新时期贯彻落实马克思主义新闻观对我党新闻舆论工作的必要性与重要性,为党的新闻舆论工作指明了前进方向。

然而,新媒体时代马克思主义新闻观的传承发展和教育也面临着一系列的挑战。比如,马克思主义新闻观认为事实是新闻的本源,但在当前纷繁复杂的媒体环境下,人人都有发表言论的机会和自由,由此便会导致虚假新闻和谣言的滋生,这对马克思主义新闻观的真实性则提出严峻挑战。同时,马克思主义新闻观坚持维护全体人民的利益、反映全体人民的呼声。然而,在新媒体环境下,极少数"意见领袖"的言论有时会压制群众的一般声音和舆论,导致群众无法获得平等地表达意见的机会。

高校要破解上述问题,将马克思主义新闻观渗透到新闻传播类专业教育的方方面面,可以在马克思主义新闻观中国化的历史现场、实践现场和社会现场(简称"三个现场")进行现场教学。马克思主义新闻观中国化的历史现场就是红色新闻历史的现场,走进红色新闻历史现场,可以领悟中国新闻传播事业筚路蓝缕的发展历程,将马克思主义新闻观中国化的全过程临场化,以其新闻实践的真实性成为新闻教学中的"活教材";马克思主义新闻观中国化的实践现场,就是要带领新闻传播类专业学生去各类媒体学习,让学生在媒体进行实践,这不但提升了学生的专业能力,也可以让学生深刻感受到当下新闻工作者是如何践行马克思主义新闻观的;马克思主义新闻观中国化的社会现场就是要积极开展社会实践课程,带领学生深入基层,采访最贴近群众的故事。在社会现场进行实践教学,可以有效培养新闻传播类专业学生的家国情怀和群众意识,学生可以根据发现采编新闻,为群众发声。因此,"三个现场"的有机结合是对马克思主义新闻观的进一步挖掘,是对马克思主义新闻观的生动实践,对于当下马克思主义新闻观教育具有重要意义。

2. 增强"四力"的重要方式

习近平总书记强调:"不断增强脚力、眼力、脑力、笔力,努力打造一支政治过硬、本领高强、求实创新、能打胜仗的宣传思想工作队伍。"这是新时代对于新闻工作者的新要求,是对马克思主义新闻观的丰富发展。新闻工作者只有在日常工作中践行"四力",才能生产出优秀的新闻作品,使新闻报道更加深入人心。

增强脚力促使新闻传播类专业学生迈开双脚,深入生产、生活实际,深入人民群众体验生活,深入基层开展调研,做出有灵魂、有内涵、有情感的新闻报道。一位合格的新闻工作者只有切实做到脚踏实地,才能更好地仰望星空。在实践过程中,新闻专业学生一步一个脚印积累更多的新闻素材,才能尽可能多地呈现新闻的全貌,淬炼出事情的真相。

增强眼力锻炼了新闻传播类专业学生面对复杂情况时的辨别力与判断力,好的新闻选题一般都立意高远,并能够反映时代发展、社会发展风向。社会实践可以锻炼新闻学子用敏锐的眼光来审视社会的发展。当前纷繁复杂的舆论生态,更需要新闻学子不断提升眼力,发出时代舆论最强音。

增强脑力促进新闻传播类专业学生勤加思考、不断提问,从而内化为今后工作中的职业技能与素养。脑力是新闻工作者在新闻生产中的主要竞争力,新闻工作者的思想深度决定新闻报道的深度。在社会实践过程中,教师要引导学生勤于思考、善于询问,反复斟酌、推敲,通过自主探究、走访调研、交流对话等多种形式提高新闻学子对问题的分析与解决能力。

增强笔力则旨在锻炼新闻传播类专业学生的表达能力。新闻学子通过社会实践,可以了解鲜活的故事,接触火热的社会生活,用文字表达出自己在社会实践中的所见、所思、所感,用真情实意感染受众,用真实事例说服受众,更好地记录时代,影响今天。

经过社会实践,新闻学子深入基层、接触实际、探访群众,更好地锻炼了脚力、眼力、脑力、笔力,磨砺了意志品质,为今后从事新闻传播事业奠定了良好的基础。

(二)培养懂国情、知民情的新时代新闻传播人才

1. 懂国情与培养责任意识

所谓国情,是指一个国家文化传统、历史发展、自然环境、经济发展以及国际关系等各个方面情况的总和,是一个国家某一时期发展的基本概括。国情教育不仅是对国民的素质教育,而且是思想政治教育的重要方面。

新闻传播类专业学生要更好地做好新闻报道、传播中国声音,就应该科学认知国情,以便对我国的国家属性、发展阶段,以及国家有关战略、方针和政策具有科学的认识,了解我国在实际发展中面临的机遇与挑战,才能用更加开阔的眼光进行符合中国国情的新闻报道。

兰州大学新闻与传播学院扎根中国西北,组织学生开展了"走进中国西北角""丝绸之路行"等一系列社会实践活动。该学院通过带领学生走进真实的社会发展现场,培养了学生对当前国情的认识,强化了学生的责任意识与担当意识,锻炼了学生的专业技能。

新闻传播类专业学生在社会实践过程中,以社会热点焦点、学术疑难点为重点调研对象,在社会大场景中,他们尝试用专业的眼光去观察、感受与思考,而最终形成的调研成果可转化为可看、可听、可视的作品在相关平台上传播呈现,用自己的方式讲好中国故事。

2. 知民情与培养问题意识

民情,不仅指社会的生产实际、风俗习惯等状况,也指人民群众的呼声与愿景。习近平总书记强调全党同志要坚持全心全意为人民服务的宗旨,把人民群众的利益放在最高位置,使中国共产党始终拥有不竭的力量源泉。

清华大学新闻与传播学院在新闻传播专业教育教学过程中坚持"学在路上"的教学理念,带领学生行走在祖国的大山大河之间。学生在采访调研过程中,学会了如何倾听,如何与被采访者交流,如何得到有血有肉的真实故事和细节,受益匪浅。

经过社会实践训练,新闻传播类专业学生走进街头巷尾、俯身工厂田野、倾听群众呼声,服务于社会、服务于人民,在社会现场接触鲜活的人物、采访真实的故事、掌握真实的技能,他们认识了一群群人、聆听了一件件事,见得多了、听得多了,认识也就增加了,而这些都让他们与人民群众更近了一步,更能了解民众的心中所想与喜怒哀乐。

(三)发挥高校的资政育人作用

1. 高校的资政职能

"资政"即帮助治理国政。习近平总书记指出,"要加快培养造就一支政治坚定、业务精湛、作风优良、党和人民放心的新闻舆论工作队伍。"这也是对高校新闻人才培养目标的总要求。新闻传播院校既要运用马克思主义新闻观开展教学,又要加强对学生的国情教育,建设一批"走在基层、了解国情、提高技能"的新闻传播实践教育项目,通过社会调研、走访交流、公益服务,提高新闻传播类专业学生进行新闻传播的综合实践能力,培养其对国家和人民的使命感和责任感,增强为社会主义服务的意识。

在社会实践过程中,新闻专业学生将所学的专业知识与所见、所感、所知的国情相结合,对自己原有知识体系和国情认识产生更加全面、清晰、准确的认识,在今后新闻宣传实际工作中,便会调动已有的认识和感知,站在更高的角度上,对新闻事件做出更深层次的解读,以推动社会问题的解决,促进国家制度法规更好地完善,以此达到"资政"的目的。

2. 高校的育人职能

在实践教育方法上,高校自觉继承杜威"做中学"和陶行知"教、学、做一体化"的教育思想,并坚信最有效的教学方法是通过实践活动。教育所要做的是按照教育规律对社会实践经验进行转化和交流,使之对学习者产生教育价值和意义。而且,学习者所产生的价值和意义可以促进新的实践不断拓展,从而达到更好的教育目的。

同样地,在新闻传播教学实践中,高校也要坚持育人的教育思想,重点关注学生的当前发展、长远发展和全方面发展。"百年大计,教育为本",育人对国家和民族的振兴起着至关重要的作用。

国内许多高校新闻传播类专业在实践中,均对实践育人的思想有所贯彻。例如,复旦大学新闻学院组织学生对新中国成立后各领域的重大成就进行走访调研、总结传播;中山大学传播与设计学院在贵州开展织金基地调研。全国高校新闻传播类专业的社会实践活动,立足专业优势,充分发掘地方特色资源,达到了育人的目的,让学生在实践活动中提高新闻传播的实战能力。

新闻传播类专业在社会实践现场开展调研活动,是实践育人思想的重要体现,通过新闻传播类专业学生自己的调研,不仅促进其对新闻的了解与认识,而且为其今后从事新闻传播工作打下了良好的基础,使其心系百姓、心系社会、心系国家。

(四)引导学生树立"以人民为中心"的工作理念

1. 看齐意识

看齐意识,即"围绕中心,服务大局",是指在思想上、政治上、行动上自觉与党中央保持高度一致,随时以党中央为最高标杆,形成强大的领导力量。习近平总书记在"2·19"讲话中强调,党的新闻舆论工作坚持党性原则,最根本的是坚持党对新闻舆论的领导。因此,新闻舆论工作要体现党的意志,反映党的主张,维护党中央的权威,维护党的团结,热爱党、保护党、服务党。

新闻传播类专业学生在社会实践教学环节中了解了中国共产党领导下的新闻事业的先进性与纯洁性,并紧紧围绕在中国共产党领导下的新闻事业周围,更好地服务于新闻事业的发展。此外,新闻工作者要在中国共产党的领导下,报道新闻、传播信息、反映民意,开展社会教育,提供文化娱乐,充分发挥新闻媒体作为党的耳目喉舌的政治定位和舆论机关的作用,始终坚持中国共产党的领导,为人民与社会主义的发展服务。

2. 基层意识

记者下基层时,也要深入工厂、商店、乡(镇)、村,了解人民群众需要什么、关心什么、需要解决什么问题,只有下到基层,去到新闻现场才能实现其真正要义。

新闻传播类专业学生应积极回应社会关切,通过一系列的社会调研活动,真正走到田间地头、工厂车间,对群众"最期待、最紧急、最忧愁"的问题主动调研,进一步体悟我国改革发展的生动实践,只有主动加强与人民群众的联系,才能聆听到群众掏心窝的实话,体察到社会发展中的真情,达到社会实践应有的效果。基层是有大学问、大智慧的地方,下到基层开展社会实践才能"贴近实际、贴近群众、贴近生活",新闻传播类专业学生才能更好地履行社会责任。

三、新闻传播类专业社会实践课程的创新与实践

高校课程思政建设为新闻传播类专业教育教学改革指明了改进方向,为全面提高人才培养质量做出顶层设计。新闻传播类专业社会实践课程应构建以资政育人为主要目标,以社会问题为主要选题导向,以课程为主要组织形式,以成果形成为重要推动力的"四位一体"实践育人体系。

(一)以资政育人为主要目标

2018年,教育部、中宣部发布《关于提高高校新闻传播人才培养能力实施卓越新闻传播人才教育培养计划2.0的意见》,作为纲领性文件,该实施意见明确了新闻教育中两个最根本的问题,即"培养什么样的人"和"如何培养人"的问题。

要回答好如何育人的问题,就必须树立"三全育人"的意识,即全员育人、全方位育人和全过程育人。全员育人,即全体高校教职工以思想引导的方式对学生进行直接或间接的教育过程;全方位育人要求高校教师要充分利用各种资源和载体,拓宽育人渠道,利用各种形式的育人平台和育人形式,潜移默化地渗透到学生学习、生活、工作的各个方面,促进学生全方位的发展;全过程育人就是把思政教育贯彻在学生发展、成长的各个阶段,教师根据学生不同阶段的身心发展需要和特点,有针对性地制定出合理的教学目标与教学任务,强调育人的持续性与连续性。

教育理念的中心要义是育人,而全员、全过程和全方位是实现育人目标的三种方式。根据新闻传播人才培养的特点,强化"三全育人",坚持立德树人的中心地位,促进学生专业知识与媒介素养的全面提升,提高高校新闻传播类课程思政教学质量。

例如,广州大学新闻与传播学院于2019年暑假期间,在学院领导和老师的带领下,分赴广东梅州、新疆喀什等地进行采编实践。各支实践队伍跟随当地的扶贫队伍,走进基层,走进农民家里,了解党的扶贫政策在当地所取得的成效。学院还组建了"乡村新闻官",深入乡村了解乡情,并利用新媒体平台加强新闻报道的传播力,传播好党的扶贫声音。通过暑期实践,参加实践的师生对我国当时的扶贫工作有了切身的理解与体会,受到了教育,提高了认识,更加坚定了马克思主义新闻观的"定盘星"认识。同时,学生参与调研的全过程,充分体会到了国情、民情,进一步提升了新闻专业学子的"四力",促进了新闻专业学子全方位、多方面的发展,实现了良好的育人效果。

（二）以社会发展问题为主要选题导向

问题意识指思维中暴露出的某些问题。在人类大脑的认知系统中,经常会遇到一些不明白的问题或现象,大脑会对这一类疑问产生不断探知的心理,从而引导人的探究行为。在新闻传播类专业教学过程中,社会实践教学日益成为一个重要的教学场域,这不仅是对理论知识的验证,更是对情感和理想信念的深化。而在实践教学过程中,一个首要问题是,如何成为"实践教学",而不是"实践教学活动"？这就要求我们在开展社会实践教学活动中,以强烈的问题意识为导向,引领学生分析问题、解决问题,进而丰富知识,提高价值观引领。社会实践活动基于问题意识,有效地解决行业或现实中的发展问题,同时在解决现实问题的过程中对新闻传播理论的发展做出一定贡献。

教师要引导学生积极自觉地投身到实践中去,就不能只注重教学过程中理论知识的讲述。只有学生最适合的教学方式,才能不断激发学生的求知欲和探索欲,更好地促进实践活动的开展。这个结合点就是通过提出一个个的问题,只有找准问题才是新闻传播实践教学达到良好效果的先决条件。而如何提出问题呢？学生自己提出的一个个问题被解决后,体会到了获得感,促进其下一步更加深层的调查探究,如此便实现了知识、情感、行动上的多维教学目标,收获颇丰。

但现实情况是,高校学生在平时的学习中,以学习理论知识为主,缺乏相应的社会阅历,不能对社会发展情况有深层透彻的理解。这就要求对学生进行启发性教学,引导学生自主发现问题,在老师带领下不断思考问题,继而找出解决问题的答案。经过教师的帮助指导,学生提出问题、解决问题,以此激活社会实践中的育人资源,为学生提供"查""访""论"为主要形式的问题解决途径。

"查"即查阅资料,明确目的。社会实践教学切忌变为流程式的参观,甚至成为变相游玩。教师可在实践前引导学生查阅实践地的相关材料,明确此次社会实践所需解决的问题与希望达到的目标,学生提出最想了解与调研的问题,教师在对问题进行评价、指导、修正后,再促使学生找寻问题的答案；"访"即深入采访,调查探究。针对精心设计的问题,明确社会实践中应采访调研的地点与人物,有针对性地对调研对象进行采访调研,以促进问题的解决。"论"即交流意见,互相讨论。不同的人会有不同的思维方式与主观能动性,在社会实践过程中,要充分发挥学生的自主性,尊重多样性,加强彼此间的交流讨论,提出对某一问题的不同见解,激发学生之间的思想碰撞,创新问题答案与调研成果。

（三）以课程为主要组织形式

新闻传播类专业社会实践不能仅仅局限在活动的层面,盲目地让学生去实践,而要树立课程意识,通过课程育人的形式,指导学生做社会实践前、实践中、实践后所需要进行的工作与准备,这样一来,社会实践活动才能更好地发挥作用,实现其应有之义。社会实践前,教师应让学生明白实践的必要性和重要意义,对学生的实践方案可行性进行评估,并教会学生实践中所需用到的具体方法,应对困难时的做法等；社会实践中,教师应对学生的各方面实践进行跟踪指导,针对具体问题、具体分析、具体解决；社会实践后,教师应指导学生对调研成果进行分析总结,广泛传播调研成果。社会实践只有经过完整的课程体系管理、运行,才能真正达到育人的目的。

近年来,延安大学文学与新闻传播学院设立了《新闻调查实务》必修课程,以陕甘宁革命老区毗邻地区社会发展重大问题、人民群众重大关切、相关政策落实为主要调研目标,旨在通过新闻调查实践锻炼学生的脚力、眼力、脑力、笔力,为具有公信力、传播力、影响力、引导力的传媒培养应用型人才。该课程目前也是陕西省一流课程。

课程主要分为理论教学、实践教学两部分。理论教学作为实践教学的必要环节,主要有针对性地给学生讲述新闻调查中涉及的相关专业知识和方法,但不超过10个学时。实践教学则占到整个课程26课时教学工作量,占整个课程72.2%的比重,由此建立了"始于课堂、源于社会、落脚实践"的新闻传播实践育人体系。

课程实施过程中,教师会以分组教学的教学组织形式,组织小组成员组内讨论选题,通过查阅选题涉及相关社会问题的最新研究成果,做好实践前的理论知识准备。在小组成员确定各小组实践选题后,团队教师全程参与班级选题会,教师从"紧扣时代问题、具有较强现实意义和创新性、操作性、作品形式多样、学生现有知识能力水平可以完成"五个方面出发,对小组成员的选题进行评价,最终确定新闻调查选题。各小组配备一名指导教师,教师具有新闻学、传播学、社会学、经济学等学科背景,与同学们一同开展社会调查实践活动。

结合延安大学作为地方高校的实际和地处陕甘宁革命老区毗邻地区的区域特点,学校已建立了山西吕梁、宁夏同心、陕西洛川、甘肃平凉、宁夏六盘山、宁夏永宁等社会实践点,开展新闻传播专业社会实践课程教学。学生实地调查,收集并分析相关数据材料,形成一个个有高度、有深度、有角度的实践作品,并进行反馈汇报。对于适合大众传播的实践作品通过自荐和他荐的形式在传统媒体、新媒体予以刊发和传播,影响、推动社会发展,通过其产生的社会传播效果予以量化赋分,作为学生课程学习的结果。

(四)以成果形成为重要推动力

随着高校新闻传播专业愈加重视社会实践,近些年社会实践的形式也在不断创新,内容也更加丰富,但为了使大学生社会实践的过程性与成果质量得到进一步提升,就要用科学的实践成果体系加以保障,在实践内容转化为实践成果的过程中,实现大学生社会实践课程的育人功能。

第一是要制定科学合理的实践成果评价标准。社会实践最忌走马观花、流于形式,因此,我们要从学生社会实践任务的完成情况、作品质量和价值实现三个维度来评价此次社会实践的实际效用。在实施评价的全过程中,学生要全程参与,以保证评价的公开性、公平性、公正性,及时向参加社会实践的老师与学生反馈评价结果,通过座谈会、访谈、班会等形式,帮助学生了解自己实践成果的优点与缺点,并激励学生不断修改优化实践成果。

第二是要增强实践成果的广泛交流与反馈。新闻传播类专业学生进行社会实践的最终成果是一个个有价值、有影响力的作品。因此,要想实现社会实践成果的最大化,就应进一步推广、应用所得成果。一方面,加强优秀实践成果校内传播。借助各类新闻媒体,展示大学生社会实践的各项成果,大力宣传社会实践的成功案例和优秀事迹,激发广大学生参与社会实践的热情。例如举办优秀实践成果交流活动,如座谈会、讲座等,不断扩大优秀实践成果的传播力和影响力。另一方面,提高优秀实践成果的社会到达率。充分利用学校现有资源,建立社会实践成果交流共享平台,加强与不同行业、不同学校、不同地区间的资源共享,促进实践成果的深度交流,保证实践经验的凝练、总结与传承,保证后续实践工作的开展。

第三是要促进实践成果的转化与推广。学生在产出社会实践成果后,不能被束之高阁,政府、社会、高校要充分认识到实践成果转化的重要性,争取创造一系列条件促进实践成果的转化与推广。政府可制定相关政策法规,为社会实践成果转化提供良好的政策支持与社会环境;

建立实践成果信息共享平台,广泛收集各类社会实践成果,建立实践成果数据库,对不同种类实践成果分类处理,加强人员交流互动。高校可开展一系列实践成果竞赛活动,"以赛促学",提升学生实践成果的转化能力;打造一支指导社会实践的教师团队,对要参与社会实践的学生进行专门指导,提高社会实践的专业性与规范化;建立校内外实践基地,鼓励学生开展多项社会实践活动,为学生社会实践提供全方位支持。

社会实践是新闻传播类专业学生发挥知识和智力优势,深入基层、走进群众、了解社会、服务社会的过程,是促进新闻传播类专业学生社会化的重要手段,是加强新闻人才培养不可或缺的途径。今后高校新闻传播教学应不断加强社会实践活动,在实践中推动学生"俯下身、沉下心、察实情、讲真话、动真情",形成以人民为中心的工作导向和工作理念,凸显"三全育人"课程思政理念,以期培养"下得去、留得住、用得上"的新时代新闻传播人才。

第三章　马克思主义新闻观教育

习近平总书记在党的新闻舆论工作座谈会上强调,"要深入开展马克思主义新闻观教育,把马克思主义新闻观作为党的新闻舆论工作的'定盘星',引导广大新闻舆论工作者做党的政策主张的传播者、时代风云的记录者、社会进步的推动者、公平正义的守望者。"高校作为培养新时代新闻人才的重镇,必须把马克思主义新闻观教育作为重中之重抓紧抓好,不仅要在思想上重视,更要在行动上落实。

马克思主义新闻观教育要从作为教育传播受众的学生出发,客观审视马克思主义新闻观教育存在的问题,做到具体问题具体分析、有的放矢,探寻新闻传播类专业学生马克思主义新闻观的培养对策,除了加强教育、注重实践之外,还要注意创新方法和载体,力争做到有效果,使学生真学、真懂、真信并能学以致用。用好马克思主义新闻观教育的课堂和课外两个场域。现场教学要用好马克思主义新闻观中国化理论成果形成的现场——新闻历史现场,马克思主义新闻观教育实践的现场——新闻生产现场,马克思主义新闻观教育服务对象的现场——社会历史发展现场等"三个现场",着力提升学生的"党管媒体"意识和政治理论水平。

在马克思主义新闻观教学方面,"好记者讲好故事"为新闻理论和实务课程提供了丰富且生动的案例,教师在将案例与课堂相结合的过程中不仅可以让教师积极主动地甄选适合课程的案例,通过研究分析,提高自身的教学能力,而且可以使教师在教学实践中创新课堂模式、丰富课程内涵、加强课堂互动环节设计,将其中的新闻元素与专业知识相融合,做到隐性教育与显性教学的有机统一。学生通过对典型案例的分析和研究,一方面可以学习优秀新闻工作者的采写编方法,为新闻实践活动提供借鉴,进一步增强自身的实务能力;另一方面,"好记者讲好故事"通过进校园演讲传播,与学生们产生亲密有机的互动联系,优秀记者在演讲中所展现出的优良品质,可以对学生的成长产生积极的影响。

第三章 马克思主义新闻观教育

3.1 现状调查与问题分析

新闻报道牢牢坚持马克思主义新闻观,是我国新闻事业性质、任务的内在必然要求。传媒市场化环境下,日趋激烈的竞争使马克思主义新闻观的指导地位得不到应有的思想重视和实践遵循,从而对新闻舆论工作带来诸多的负面影响。新闻传播类专业学生是社会主义事业的接班人,培养学生马克思主义新闻观,调查、分析学生对马克思主义新闻观的认知现状,探寻有效途径与对策是新闻教育的应有之义和必然之举,更是对我们开展马克思主义新闻观教育的一次基于学生反馈的全面检视。

党的十七大报告中,首次明确提出中国特色社会主义理论体系这一科学论断。广义而言,马克思主义新闻观是马克思、恩格斯、列宁、毛泽东等无产阶级革命家在长期的新闻实践中,根据其所处时代环境和实际斗争需要,对无产阶级新闻事业客观规律的科学概括与总结。毛泽东思想、邓小平理论、"三个代表"重要思想、科学发展观、习近平新时代中国特色社会主义思想的有机组成部分都涵盖着对其的继承与发展。

党性与人民性相统一、新闻事业的监督功能等都是马克思主义新闻观的内涵精髓。探寻新闻传播类专业学生马克思主义新闻观的培养对策,除了加强教育、注重实践之外,更应从作为教育传播受众的学生出发,实证调查、客观分析马克思主义新闻观教育过程中存在的落地问题,做到具体问题具体分析,进而实现因材施教。

学习和实践马克思主义新闻观是继承无产阶级新闻事业光荣传统的需要,也是新闻工作者高举马克思主义思想旗帜的需要。新闻传播类专业学生对马克思主义新闻观的认知现状是探索其培养对策的重要依据。为了获知这一具体现状,课题组选取了西部五所开设有新闻传播类专业的高校进行实证调查,样本对象涵盖本科和研究生各个年级的学生。

调查问卷大概涉及四个方面:一是新闻传播类专业学生对马克思主义新闻观的了解情况;二是新闻传播类专业学生获得马克思主义新闻观相关知识的途径;三是新闻传播类专业学生对马克思主义新闻观学习的重视程度;四是新闻传播类专业学生对马克思主义新闻观基本内涵的认知现状。

一、马克思主义新闻观教育现状

(一)马克思主义新闻观教育的形式创新与目标达成情况

课题组调查了解到,对马克思主义新闻观认知模糊、完全不知的学生分别占85%和10%(见图3-1);仅8%的学生表示很熟悉马克思主义新闻观的内容,而79%的学生表示了解一些,13%的学生对马克思主义新闻观的内容完全不知(见图3-2)。

这些数据表明,新闻传播类专业学生对马克思主义新闻观的了解程度不尽如人意。这在一定程度上说明高校马克思主义新闻观教育注重形式而成效欠佳这一事实。

图 3-1 大学生对马克思主义新闻观的了解程度　　图 3-2 大学生对马克思主义新闻观内容的熟悉程度

纵观全国新闻传播类院校,马克思主义新闻观教育自提出以来从态度上来看教育的实施主体都是很重视的,而能将其落到实处、开花结果者则不是很容易,效果也不尽人意。究其根源,高等教育教学改革、课堂教学改革的最终目标是为了让学生受益,这是以学生为本、回归教育的初衷和初心的重要体现。新闻传播类专业学生对马克思主义新闻观的认知缺位便是马克思主义新闻观教育落实重视不够的直接体现。各高校的马克思主义新闻观教育亟待加强,需要用更科学,更灵活、更富有成效的形式将其扎实推进。

(二)马克思主义新闻观的学习途径单一

课题组调查结果显示,高达73%的学生主要依靠老师课堂教学学习马克思主义新闻观,16%的学生通过课外阅读的方式学习,11%的学生从不阅读(见图 3-3)。48%的学生从未主动阅读过马克思、列宁、毛泽东等无产阶级革命家的新闻论著,仅有2%的学生表示经常阅读相关书籍(见图 3-4)。数据分析可知,新闻传播专业学生缺乏学习马克思主义新闻观的主动性,阅读主动性也表现较弱。

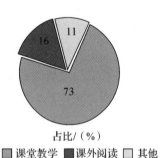 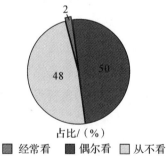

图 3-3 学习马克思主义新闻观的途径　　图 3-4 马克思主义新闻观原著阅读情况

课堂教学是新闻传播类专业学生了解马克思主义新闻观的主要途径,也可能是唯一有效的途径。学生接触马克思主义新闻的观的渠道单一既有学生学习主动性不够的问题,也有教师教育方式、方法和理念缺失的原因。

第三章　马克思主义新闻观教育

(三)学生马克思主义新闻观认知不够清晰

新闻报道坚持"党性"为统领的"群众性""组织性""战斗性"相统一,是马克思主义新闻观中国化成果的理论精髓,其形成于延安时期中国共产党领导新闻事业发展的过程中,主要标志就是1942年延安《解放日报》的改版实践,这一历史事件对党领导的新闻事业具有深远而重大的影响。但课题组在调查新闻传播类专业学生对新时期新闻报道践行马克思主义新闻观的看法时,15%的学生认为它不会产生较大影响,39%的学生认为这会增强媒体的市场竞争力,还有46%的学生错误地认为践行马克思主义新闻观会影响媒体的市场行为。

这些都有力地说明,学生对马克思主义新闻观的认识是模糊的,甚至是不科学的、片面的。很多学生根本不了解马克思主义新闻观内涵精髓对新时代新闻事业的重大现实意义,加之新技术的发展所带来的传播革命直接影响学生对新时期践行马克思主义新闻观的重要意义的理论理解与行动中的坚守。

(四)马克思主义新闻观教育重视程度不够

课题组调查显示,有50%的学生认为马克思主义新闻观与其关系密切,很实用,16%的学生认为马克思主义新闻观与其联系不大,很陌生,有33%的学生认为不确定,有10%的学生认为毫无关系(见图3-5)。在回答坚持马克思主义新闻观是否有必要时,48%的学生认为一般、不重要或是没有必要。

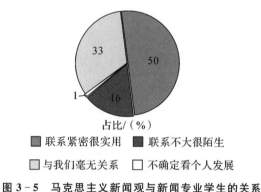

图 3-5　马克思主义新闻观与新闻专业学生的关系

以上数据直接或间接地反映了一个问题,除对马克思主义新闻观开展研究的师生群体外,很多高校新闻传播类专业学生不够重视马克思主义新闻观学习与实践。

众所周知,马克思主义新闻观有着极其重要的现实意义。首先,它是社会主义新闻事业性质、任务和特殊重要性的必然要求;其次,它是应对当前新闻舆论工作面临的形势与问题的有力思想武器;再次,它是帮助中国共产党建立一支业务精、纪律严、作风正的高素质新闻队伍的理论基础;最后,它是培养新一代社会主义新闻事业优秀接班人的前提保障。马克思主义新闻观教育中存在的问题必须得到高度重视和有效解决。教育从来不是学校或学生某一单方面的事,成果的好坏关键在于教育合力的形成与作用的发生。只有以学生为本,准确了解学生的信息接收喜好,更新教学理念,做好教学方式、方法的创新性设计,才能实现在马克思主义新闻观教学中的教学相长。

二、马克思主义新闻观教育的提升策略

追溯马克思主义新闻观教育发展史,从 21 世纪初最早发起,到 2005 年第一次进入大学校园,再到 2006 年列入《国家"十一五"时期文化发展规划纲要》,至现在,马克思主义新闻观教育在我国已有数十个年头。经过长期实践探索,马克思主义新闻观教育切忌填鸭式教学成为高校、教师、学生的共识。但是有效规避传统教学模式的弊端,关键还在于发挥教师的主导性作用。

(一)联系实际,开展案例教学

1. 联系实际开展马克思主义新闻观教育

理论联系实际是马克思主义普遍真理同革命和建设的具体实践相结合原则的概括表述,是马克思主义最基本的原则之一。马克思主义新闻观课堂教学若要做到理论联系实际就必须明确以下几点:第一,教师和学生要端正态度,清楚各自的职责,对于马克思主义新闻观这一重要的理论性内容,讲课不能是照本宣科,而应是将理论性内容的难度系数与学生的实际接受能力相联系,切实做到有的放矢;第二,勤于思考,探索理论与实际的契合点,将抽象理论与具体实践相结合,从实践真知中体会理论内涵;第三,学以致用,实践是检验真理的唯一标准,实践也是学习真理、推动真理发展的有效手段,实践可以把抽象的思维变成具体的现象与现实,在这一过程中,理论认识将进一步升华。

2. 案例教学重塑学生的学习主体地位

案例教学是马克思主义新闻观联系实际开展教学的典型教学方法。案例教学产生于 20 世纪初,由哈佛大学率先实践,是一种围绕一定的培训目的把真实情景加以典型化处理,形成可供学生思考分析的案例,继而通过独立研究或互相讨论的方式提高学生分析问题和解决问题能力的方法,旨在推动形成认知共同体。

一是鼓励学生独立思考。传统教学只告诉学生解决问题的理论方法,千篇一律的理论传授很容易使人乏味。但在案例教学中,没有人会告诉你该怎么办,而是需要你自己去思考、去创造,然后与他人交流,各抒己见。在这个过程中,学生不仅可以取长补短,完善自身对于马克思主义新闻观的理解,而且可以互相激励,共同进步。

二是引导学生注重知识与能力发展并重。马克思主义新闻观教学重在将知识作用于实际的能力培养。还有就是双向交流。传统马克思主义新闻观教学方法是指老师讲、学生听,至于听没听、懂多少,考试之后才知道。但在案例教学中,这些弊端可以不同程度避免。因为这种授课模式实现了双向交流,而非老师单方面的灌输。简言之,没有人会直接告诉你它是什么,想要知道,那就一起思考,在案例分析过程中弄懂、悟透马克思主义新闻观。

3. 考察红色新闻资源,开展现场教学

红色新闻资源是指那些带有明显红色印记且具有一定革命性特征的新闻遗址、文物等。具体包括红色新闻物质资源和红色新闻精神资源。如延安新闻纪念馆、涉县新华社旧址、新闻名人故居等物质资源。它们的存在不仅丰富了中国新闻传播史,更为后人尤其是新一代新闻

学子留下了不可替代的精神财富。革命战争年代的新闻工作者记载了一个又一个朴素而伟大的故事,他们见证了马克思主义新闻观中国化的历史进程。红色新闻资源是历史留给当代特殊且宝贵的财富。它们的存在镌刻了特殊时期中国人民通过新闻宣传保卫祖国、保卫家园的丰功伟绩。

经常组织学生参观红色新闻资源是一种教学实践,它的重要性在于置身历史现场,感悟历史现场所带来的直面感受,这是单纯的课堂教学所不能给予的,是马克思主义新闻观教育的一种有效可行的学习方式。

4. 通过优秀新闻作品传播马克思主义新闻观

分析优秀新闻作品体现的马克思主义新闻观,就是要对马克思主义新闻观进行渗透式教育。一方面它要求高校新闻传播类专业在日常教学工作中多引入一些学生能看得见、摸得着的时代好作品进课堂;另一方面要求新闻传播类专业学生能对好作品仔细品读、认真分析,争取做到能从现象中剥离出规律性的马克思主义新闻观核心要义。

渗透式教育的魅力在于意会和潜移默化,它不同于教师授课的教条式宣讲,也不会直接告诉学生它是什么,而是通过鲜活的新闻作品案例让学生去切身体会,只有这样做才能对马克思主义新闻观融会贯通。渗透式教育的目的在于把僵硬、乏味的理论性知识通过大家喜闻乐见的作品呈现学生,这样既不会使人感到晦涩难懂,也不会使人觉得曲高和寡。渗透式教育避免了只知其理、不知其用的尴尬,不仅充实了马克思主义新闻观教育形式,而且为新闻传播类专业学生带来了理解马克思主义新闻观内涵的更直观方式,同时也增强了马克思主义新闻观的说服力。

优秀新闻作品的价值从来不只是用来顶礼膜拜的,它的存在更像是一位活灵活现的老师。相对于教师讲述,优秀新闻作品分析把意会的潜能发挥到了极致。因而,在分析作品时,学生感受到的不再是纯粹的理论和呆板教条,而是通过意会的方式,直接或间接地告诉学生,作品在马克思主义新闻观的理论指导下将更加富有公信力、传播力、影响力和引导力。

5. 抽象理论通俗化传授

马克思主义新闻观是一种理论,也是一种工作方法,关于它的教学模式和教学理念,长期以来一直都在探索发展之中,但马克思主义新闻观教育切忌填鸭式教学是高校、教师、学生达成的共识。理论作为一种升华了的认识,它经历了数年的实践检验,并一直处于不断深化和发展状态,具有一定的复杂性和抽象性。

老师幽默风趣、语言通俗是规避传统教学模式弊端的有效措施之一。幽默是创设愉快教学情境的一种方法,它能使沉闷的课堂气氛变得活跃,使枯燥的说教变得生动,并能融洽师生情感,激发学生学习兴趣。但在实施幽默教学时,一定要注意以下几方面问题。首先是要领会幽默教学的实质,明确幽默只是一种形式,马克思主义新闻观知识传授、方法教育才是它的核心。其次应注意幽默的时机,时机要得当,一是在学生精神、心理状态不佳时适当幽默,二是在教学内容出现明显可幽默题材时适度创造。最后还一定要把握幽默,不能脱离马克思主义新闻观教育教学内容,一味调笑逗乐、插科打诨、舍本逐末。

6. 创新教学理念和模式

马克思主义新闻观教育开辟全新的教学理念和教学模式,具体要做到如下几方面:一是坚持"素质为本、实践为用"的教学理念,倡导理论教育与实践活动相结合;二是推动马克思主义新闻观相关课程建设,例如开设马克思主义新闻观专题讲座,结合地域文化开设具有地方文化特色的马克思主义新闻观课程等;三是开放式办学,打通马克思主义新闻观与专业课程、人才培养与学科建设、校内新闻教育与校外新闻实践等的关联;四是拓展交流平台,充分利用手机、网络等现代传播媒介,展开讨论,交流思想,以达到"1+1=n"的效果。

教育是培养新闻传播类专业学生马克思主义新闻观的首要手段。新时期的马克思主义新闻观教育一定要从教育理念、教学方法以及师资力量等方方面面出发,尽可能地修正马克思主义新闻观教育教学中的误区,弥补缺陷。课程实践、渗透式教育教学等都是提升新闻传播类专业学生马克思主义新闻观教育的有效对策。除此之外,在实际开展中,可能还会用到很多其他辅助对策,譬如剖析案例,从实践中学;利用反面教材,进行警示教育;以及坚定信念,坚持不懈地学等。毋庸置疑,马克思主义是活的,是随着时代的变化而不断向前发展的,而马克思主义新闻观作为马克思主义理论的一部分也不例外。所以,在培养新闻传播类专业学生马克思主义新闻观的过程中,一定要用发展的眼光看问题,注意根据现实情况的不同及时调整相应培养对策,努力做到新时代马克思主义新闻观教育的与时俱进。

3.2 方法探索与路径选择

随着媒介融合不断深入和青年学生代际信息接收偏质的日益显现,传统的马克思主义新闻观教育方式面临重大挑战和重要机遇。高校马克思主义新闻观教育应尽快走出只谈意义而缺乏与时俱进的行为与措施误区,积极创设情境和场域,推动马克思主义新闻观教育路径创新和载体创新,做到让学生想学、爱学,真懂、真信、入心、入行。

媒介技术发展演进推动了媒介融合进程,催生了新的传播形态,这都将也必须得到马克思主义新闻观的指导,而这种创新随着经验的积累和理论探讨的深化,又将推动马克思主义新闻观的新时代新发展。在这样一个由理论到实践再回到理论的长期过程中,看似简单的逻辑背后却充满了短时期的困惑与矛盾,使新闻舆论工作凝聚社会共识、引领社会思潮面临的挑战增大、空间延展、机会积聚。提升主流媒体舆论的"四力"与传播主体的政治理论素养、专业媒介素养、业务素养密切相关,其中的"定盘星"就是与时俱进的马克思主义新闻观,落脚点就是着实有效的马克思主义新闻观教育。

高校在长期聚焦马克思主义新闻观教育意义探讨的同时,应当规避只谈意义没有行动,只关注教育的组织者、教学内容,不关注作为受众的青年学生,以致陷入"教归教、学归学"的尴尬境地,没有赋予马克思主义新闻观教育充分的空间和足够的活力,应该把真懂、真信、入心、入行作为马克思主义新闻观教育的旨归,抓好抓实。

一、课堂教学:基于主流媒体的案例教学

作为新时期马克思主义新闻观教育对象的青年学生,基本上都是在主流文化与亚文化相互碰撞、精英文化与草根文化相互交织、经典文化和流行文化相互影响的互联网环境中成长起来的受教育个体。新的信息传播的形态不断衍生给受众所带来的全新体验日益影响主流传播形态所产生的传播效果。学生信息接受的习惯与偏质已然发生巨大变化,如何使庄重、严肃、权威,甚至认为枯燥乏味的马克思主义新闻观理论动人心弦,产生良好的教学效果,这是教育者必须深思的问题。

在教学内容方面,主流媒体是马克思主义新闻观中国化进程持之以恒的推动者,也是马克思主义新闻观中国化理论成果的忠实践行者。高校马克思主义新闻观教育应高度重视、充分发掘使用主流媒体成功融合的传播案例,开展马克思主义新闻观教育。

案例教学能够成为教学中的一种"范式",说明它有自己独特的作用,如让抽象的知识更加"接地气",让学生自行建构、生成出观点结论,从而加深印象等。案例作为理论,已经和经验呈现、方法引导一样被普遍重视。案例价值教育则是旨在引导、促进、反思和提升人们自身价值素质的教育实践活动,其最终目的在于教导人们形成以正确的价值观去为人处世的原则。教师在教学的过程中,对案例价值的深层次挖掘是课程思政、马克思主义新闻观教育的必然要求。

大量的教学实践表明,基于具有一定判断能力且心理上有否定性偏质的教学对象来说,增强教学内容的说服力尤为重要。案例教学有利于帮助学生理解马克思主义新闻观指导新闻实践活动的必要性和可行性,有助于帮助学生了解如何在实践中践行马克思主义新闻观,有效地弥补了传统教学方法的不足。马克思主义新闻观教育借助案例教学法,让学生充分了解新闻生产过程中如何实现以马克思主义新闻观为指导的,并以此对社会历史发展产生建设性的影响,从而以作品的传播力、影响力说服学生,以作品的引导力、公信力引导学生。

在马克思主义新闻观教育中,好的教学方法是课堂效果的催化剂,有一个好的案例会让课堂上有"滴着露珠的事、活蹦乱跳的人",再加上老师的合理引导,教学效果显而易见。教育主体应始终注重主流媒体在媒介融合背景下的新闻报道案例。围绕主流媒体特别是党媒在融媒体产品生产传播过程中的坚守与嬗变,开展生动的马克思主义新闻观教育,引导学生运用马克思主义新闻观分析、再现融媒体产品生产的流程。例如人民网在新中国成立70周年推出的"70年70问"大型融媒体产品,真诚回答了时代问题,获得了极高的关注度。报道利用图文结合、H5、音视频等多种融合传播形式,既突出主题,又符合受众接受碎片化信息的阅读习惯,实现了内容与形式结合、以新颖的形式传播主流价值观,是马克思主义新闻观教育的典型案例。

因此,高校新闻院系应该重视推动建设内容上以主流媒体为主、形式上具有全息性、类型上以课程为主导的马克思主义新闻观教育案例库,为马克思主义新闻观教育和课程思政提供鲜活的案例。当然,案例库建设应该注意与时俱进、推陈出新,体现时代性和时新性。

二、现场教学:马克思主义新闻观教育的"三个现场"

现场教学延展了教学空间,搭建了临场化的教学环境,增加了教学内容的说服力和感染力,以此实现学生对教学内容的认同与接收。现场教学在马克思主义新闻观教育中具有重要性和不可替代性。马克思主义新闻观现场教学有三个场域,即马克思主义新闻观中国化理论成果形成的现场——新闻历史现场,马克思主义新闻观教育实践的现场——新闻生产现场,马克思主义新闻观教育服务对象的现场——社会历史发展现场。

首先,在马克思主义新闻观中国化的新闻历史现场开展教学。走进新闻历史的现场,搭建临场化的教学环境,通过亲身的感受实现马克思主义新闻观教育入心、入身、入行。近些年,许多新闻院校都会利用寒暑假时间由专业老师带领去瑞金、井冈山、延安、西柏坡、中共一大会址等地进行参观学习,活化教材,认识马克思主义新闻观中国化的历程与艰辛,感悟党的新闻宣传工作者在推动马克思主义新闻观中国化进程中的初心与使命。

其次,在马克思主义新闻观中国化理论实践和创新的前沿——新闻生产现场开展教学。融媒体机构是用马克思主义新闻观作指导开展传播流程再造,内容拆分、重组、分发的第一线,也是融媒体环境下马克思主义新闻观理论实践运用、凸显矛盾、创新解决的第一现场。在融媒体新闻生产实践中,解决矛盾的过程正是马克思主义新闻观中国化理论创新的过程,必将赋予马克思主义新闻观新的理论内涵和关涉命题。把马克思主义新闻观教育的课堂搬到媒介融合的一线,就是要让学生真正地体会到在媒介融合背景下,新闻生产、制作、报道流程中马克思主义新闻观指导性地位的实现和"定盘星"作用的发挥,就是要让学生切实地感受到马克思主义新闻观教育不是教条的理论,而是与实际紧密联系的新闻观和方法论,从身入、心入,实现真懂、真信。

最后,到马克思主义新闻观教育服务的对象——社会历史发展的现场教学。用马克思主义新闻观教育培养新闻工作者和未来新闻工作者,是为了做好"以人民为中心"的新闻舆论工作。马克思主义新闻观中的"建设者"范式贯穿于马克思主义经典作家和中国共产党历届领导人的报刊和新闻思想之中,是符合中国国情的必然选择,是统领中国各种新闻报道活动的行动指南。马克思主义新闻观教育应坚持"以人民为中心",以人民群众生产生活实践为关切,懂国情、知民意、听民声是马克思主义新闻观内涵和要旨的一种具体阐释。

走进社会历史发展现场,把新闻写在大地上,把课堂搬到基层,搬到田间地头,搬到工厂车间就是马克思主义新闻观教育最典型的现场教学,真正实现干中学、学中干。在现场教学的过程中，要培养学生懂国情、知民意，培养学生的全局意识和基层意识，实实在在地运用马克思主义新闻观观察和审视新闻信息传播与社会发展的互动关系，进一步理解发展传播学和建设性新闻所赋予马克思主义新闻观的新的时代命题，增强专业发展的信心，提升职业的认同感和归属感。从根本上解决新闻人才培养过程中"你是谁""为了谁""依靠谁"的问题，这也是马克思主义新闻观教育的基本使命。

三、实践教学——行走的马克思主义新闻观教育

马克思主义新闻观教育的创新过程是一个学习和实践相结合的过程。案例教学和现场教学本质上都是师生为了实现共同的教学目标，在马克思主义新闻观教学过程中所采用的方式和手段，终究还是要回到实践中去检验和提高。教师应正确引导学生用马克思主义新闻观去解决在新闻传播中遇到的新问题、新情况。以社会实践活动为突破口，往基层走、往一线走、往群众中走，这样才能在新闻实践活动中学习课堂接触不到的新领域。此外，积极开展一线记者进校园等专题讲座和报告，让一线记者谈经历、谈经验、谈感悟，鼓励学生向一线记者学习。

"以情感陶冶情感是一种教育的艺术。""把新闻写在大地上、写在人民心坎上。"通过深入基层的社会实践，培养学生关心国家发展、社会发展的家国情怀，形成"以人民为中心"的工作作风和方法。从实践的角度来看，开展马克思主义新闻观教育符合新闻传播类专业学科交叉特点明显、与社会发展联系紧密、实践育人特色鲜明的专业特征。马克思主义新闻观教育要坚持返本开新的原则，抓住基本，直面问题，选好着力点，讲清楚新闻舆论工作中的难点、焦点问题。通过对国家、区域发展及急需解决的相关问题的调查，形成可资借鉴、具有广泛社会影响的资政材料和新闻作品，让学生在实践中提升专业的忠诚度和归属感。以项目驱动学习，变"要我学"为"我要学"。通过社会调查项目推动学生学习项目涉及的新闻学、传播学、社会学、法学、经济学、历史学等相关学科的知识，真正实现专业融通、学科交叉全方位的育人格局和新闻理念，实现以有高度、有深度、有角度的新闻实践调查作品资政育人的马克思主义新闻观教学目标。

行走的马克思主义新闻观教育重在教育内容和载体的创新，重在学以致用，以用促学。这种实践也有利于学生认知在融媒体环境下内容生产的方式方法和重要指向，特别是理解优质内容在实现新闻作品"四力"过程中的重要性。明确脚力、眼力、脑力、笔力与新闻作品公信力、引导力、传播力、影响力内在的、必然的联系，这本身即是马克思主义新闻观教育的根本和精髓。

"教有定法"，媒介融合不会改变马克思主义新闻观教育的基本精髓和主要内容，媒介融合只是改变了马克思主义新闻观教育的媒介环境和实践逻辑；"教无定法"，既有对教育教学过程中教学对象变化的考虑，也要有对社会发展环境、教学语境、学科领域变化的关切与思考。从受教育对象的成长过程来看，青年新闻工作者的新闻观形成可以分为三个阶段，分别为塑造基础新闻观念的"教育塑造阶段"，新闻观念在新闻实践中不断调整的"实践调整阶段"，以及新闻观念趋于稳定后不断强化，并最终形成成熟的新闻观的"自我定型阶段"。高校马克思主义新闻观教育就是要将这三个阶段的主要影响因素在学校学习阶段以不同的教学手段予以呈现，积极促进学生形成成熟的马克思主义新闻观。

在探索马克思主义新闻观教学方式方法改革创新的过程中，既要在课程建设和教学体系上下功夫，更要以学生为中心，创新教学模式，改变教学方法，创设教学环境，切实践行"三全育人"理念，增加学生在学习过程中的认同感和获得感。

3.3 政治理论素质与人才培养

政治理论素质在新闻宣传实践中发挥着作品把关、舆论引导等关键性作用。培养新闻传播类专业学生的政治理论素质需要高校、教师和学生的共同努力。在传媒市场化程度不断提高的趋势下,高校和教师要积极正确引导学生,为学生营造健康良好的思想氛围,持续强调政治理论素质的重要性。同时,学生要主动学习和提高政治理论素质,保持好清醒的政治头脑、敏锐的政治嗅觉和犀利的政治笔锋,紧跟与时俱进的政治家办报思想,进一步丰富本身的知识储备,提高政治素养,拿出政治家应有的胆识、魄力、毅力和决心,做新时代新闻事业的接班人。

政治家办报思想是马克思主义新闻观的重要构成,也是政治理论素质培养的理论依据和思想来源。列宁同志曾指出,"党掌握的各种机关报刊,都必须由确实忠于无产阶级革命事业的可靠的共产党人来主持。"1959 年 6 月,毛泽东在同吴冷西的谈话中对政治家办报作过集中阐释:"新闻工作,要看是政治家办,还是书生办。"书生办报,"最大的缺点是多谋寡断","搞新闻工作,要政治家办报"。其思想关注的核心就是党的新闻工作者应该坚持党性与人民性,具有较高的马克思主义政治理论水平,懂政治、有强烈的办报政治敏感,并具备精良的业务能力。

政治理论素质在新闻事业发展中占据着重要的位置,其中所说的新闻工作者是指具备政治家思想观念和过硬政治素质。作为其主要思想依据的政治家办报思想有其深远的历史背景和现实原因,虽然在不同的历史阶段,政治家办报思想呈现出不同的时代内涵,但其思想的核心内容和对于新闻工作的政治性要求都是严格遵循马克思主义新闻观的,这一点从未改变过。新闻传播类专业学生是新闻事业未来的接班人,其政治理论素质的高低决定着新闻事业未来的发展,也决定着是否能发挥好党和人民的喉舌作用。

在传媒产业市场化的当下,受工具理性和商业价值的冲击,新闻传播类专业学生对政治理论素质重要性的认知出现了一定的偏离,对新闻与政治之间关系的理解有一些偏颇。因此,须从培养新闻传播类专业学生的政治理论素质入手,坚持马克思主义新闻观,从根本上转变学生的思想观念,科学认识新闻宣传工作与党和国家政治生活的关系,提升新闻传播类专业学生对政治家办报思想的坚守与践行,自觉提升政治理论水平。

一、政治家办报与政治理论素质培养

(一)政治家办报思想的来源

1. 资本主义政党报纸的思想启蒙

在新闻传播与媒介变迁史中,资产阶级政党办报阶段占据着重要的地位,是报纸最早作为大众传媒对社会产生影响的实践形式。其中,资本主义报纸核心思想认为"报纸理所当然应代表政府的利益与政治家保持一致是报纸的基本职责,政治家决定什么新闻应登,什么新闻该压,这是天经地义的"。虽然这种思想很大程度上显示出其狭隘性,并带有浓厚的资本主义政治家独裁的风格,但是从媒介与社会发展的角度来分析,这种观点体现出媒介与政治的紧密关系,新闻工作者必须具备一定的政治素养和敏锐力,以及一定高度的政治大局意识。

2. 马克思主义党报理论的理论奠基

马克思和恩格斯都有着丰富的新闻宣传工作实践经验,在从事新闻事业期间,创办和参与编辑 12 家报刊,为 200 多家报刊撰写过大量的稿件,两人关于新闻工作的论述,再加之诸多无

第三章 马克思主义新闻观教育

产阶级政治家们对其的继承发展,最终在实践中形成了不断动态发展的马克思主义新闻观。其中包含了无产阶级新闻事业的宝贵经验和思想理论,对党报的办报理论影响深远,具有强大的生命力和适应性。

马克思指出:人民报刊应该是人民的代言人,是"人民日常思想和感情的表达者"。马克思和恩格斯关于党报性质任务的思想至今仍对社会主义新闻事业具有重要的指导意义,为政治家办报思想奠定了坚实的思想理论根基,而政治家办报思想的提出也是对其的中国化发展。

3. 政治家办报思想的诞生背景

一般情况下,媒体的产生都会与一定的政治、经济利益相联系,属于意识形态的范畴,具备一定的政治属性,这个客观事实决定具有政治素质的政治家和新闻工作者才有能力来掌控新闻传播媒体的发展。

1957年,毛泽东两次分别在最高国务会议和中国共产党全国宣传工作会议上,明确提出了新闻工作者必须拥有良好的政治修养,在新闻工作中要始终坚持党性原则。正如马克思恩格斯所言,"批判的武器当然不能代替武器的批判,物质力量只能用物质力量来摧毁;但是理论一经掌握群众,也会变成物质力量。"毛泽东在多次会议中也讲道:"改变旧中国主要靠'两杆子'"。一靠枪杆子、二靠笔杆子,枪杆子是支撑发展的物质力量,而笔杆子是巩固发展的精神力量。所以毛泽东认识到了新闻宣传工作本身所蕴含的强大政治力量和舆论影响力,并以此大力指导、推动新闻宣传实践活动,使马克思主义新闻观作为发展毛泽东新闻思想的理论基础,取得了进一步的发展。

(二)政治家办报思想的形成及内涵

1. 政治家办报思想的形成

早在文人论政时期,先后有康有为、梁启超、谭嗣同、王韬、史量才、英敛之等,办报的最终目的都是影响或者是参与政治。王韬就曾说过报纸的功用在于"广见闻,通上下,俾利弊灼然无或壅蔽,实有裨于国计民生者也"。后继的革命者们也都把报纸作为革命斗争的阵地和武器。孙中山先生曾主办的《民报》《中国日报》,中国共产党创办的《向导》《新中华报》《新华日报》《解放日报》等,在革命时期起到了重要作用。1957年,毛泽东明确强调"政治家办报"的要求,从此政治家办报思想作为马克思主义新闻观中国化的重要成果,进一步丰富和发展了无产阶级党报理论,成为新闻人才培养的重要指导。

2. 政治家办报思想的内涵

1957年6月,毛泽东在同胡乔木和即将接任《人民日报》总编辑的吴冷西谈话时说:"写文章尤其是社论,一定要从政治上总揽全局,紧密结合政治形势,这叫做政治家办报。"1959年6月,毛泽东对吴冷西谈话时,再次强调了"搞新闻工作,要政治家办报"。

"立言议政"这是早期政治家办报思想主要体现的观点。政治家办报思想的产生,建立在中国共产党革命和建设实践中不断探索总结办报实践基础之上,主要从宣传和联系群众方面强调了其思想的重要性,并以其作为衡量新闻宣传工作的首要标尺。

3. 政治家办报思想的时代意义

随着时代的变革、社会的进步,新闻媒体也在进行着变迁演进。早期政治家的身份已经发生了改变,从革命者转向建设者,其领导新闻宣传工作的目的、方法和意义也相应发生了变化,以发展为主题。虽然环境有所改变,但是新闻宣传工作的基本属性不会改变,"政治第一、技术第二"的基本原则没有改变。

做好新闻宣传工作,关系党和国家工作全局,关系改革和经济社会发展大局,关系国家长治久安。新时期,新闻工作需要更加密切联系群众,在新闻事件报道过程中要时刻坚定地坚持党性原则,实事求是地对社会舆论进行正确有效地引导,维护好社会的稳定,服务好国家的建设。

与此同时,新闻工作者必须具备敏锐的政治素养和牢固的大局意识,能够独自客观对社会所发生的事件进行准确的政治理论层面的分析,引导舆论向正确的方向发展,发挥好沟通纽带的作用,始终坚持社会主义核心价值观,维护社会稳定大局、发展大局。

二、政治理论素质培养与新闻教育

(一)政治理论素质培养的内涵

政治修养,是指人们在社会政治活动中进行自我学习和自我锻炼的功夫,以及经过自己的长期努力所具备或达到的政治思想品质、政治工作能力、政治理论水平和政策水平。

一个合格的新闻工作者,不仅要从业务能力去评判个人实力,更要从自身政治修养的高低来衡量是否对从事新闻工作有很高的思想觉悟,应当时刻把国家利益和人民利益放在最高的位置上,担负起自己的社会责任。美国著名报人普利策曾这样比喻新闻人与国家的关系,"国家是一艘大船,而记者就是这船头的瞭望者。"新时代的新闻工作者应该具备"站在天安门上看中国,走在田埂边找话题"的看齐意识和基层情怀,而懂政治、讲政治是根本、是保证。

新闻工作者的政治修养关系到自身的发展,一名拥有良好政治修养的新闻工作者,不仅能时刻自觉关注到党和政府的方针政策的变化,及时开展相应的宣传报道,履行好自身应有的职责。通过政治家办报思想的教育,可以引导学生提升政治理论修养,增强政治责任意识,培养敏锐的政治嗅觉,找准明确的政治方向,站在更高角度,看到更远前景,探索更深意义,完成服务人民、服务国家、服务社会的使命,实现新闻工作者自身的社会价值,还能为社会发展不断地输入正能量,发挥好对人民群众的舆论导向作用。

(二)政治理论素质培养是新闻教育的重要任务

新闻工作者坚持无产阶级新闻事业的立场,发挥好党和政府的喉舌作用,积极引导受众,为社会构建一个良好的舆论环境,这是新闻教育工作者必须清楚的人才培养目标。"第二届范长江新闻奖"获得者杜耀峰曾讲到,"让新闻自觉追随民心。"他阐述了新闻工作者在报道事件时要务实、要稳妥、要有正确的报道立场,切勿模糊了事实的真相,引起不必要的歧义纷争。他还告诫新闻工作者做新闻要有良心、有信念、有崇高的职业信仰,切勿沦丧了新闻的良知,始终坚持马克思主义新闻观。报道立场问题的本质就是坚持党性与人民性的统一,坚持讲政治、讲担当。

新闻教育为我国新闻事业源源不断地培养人才,服务新闻事业健康长远发展;新闻事业的蓬勃发展反过来又对新闻教育起到了反哺的作用,为新闻教育提供更多新实践、新理论,两者间是相辅相成、唇齿相依的共存关系。新闻事业是党和人民的新闻事业。新闻工作者作为党和人民的喉舌,宣传党的方针政策,为受众提供正确的舆论引导。所以,政治理论素质培养是新闻教育必须有的教育内容。

新闻报道作为一种意识形态反映和一种宣传教育的舆论表现形式,总是能客观地反映出党和国家的政治主张、政治观点和政治立场。新闻传播类专业学生在未来的职业中要学政治、懂政治、讲政治,自身必须具备良好的政治素质,具有较强的政治鉴别力和政治敏感,而且还要树立崇高的政治责任感。

第三章 马克思主义新闻观教育

培养新闻传播类专业学生的政治理论素质,教授马克思主义新闻观知识,是新闻传播类专业人才培养过程中的一门必修课程,通过学习提升学生的政治素养和政治眼光,确保学生能够正确地体现自身的立场、认识到政治理论学习的重要性,更好地掌握新闻宣传工作的本质规律,培养政治立场坚定、有崇高信仰的新时代新闻人才。

(三)政治治理素质的认识现状

针对新闻传播类专业学生政治家办报思想的培养问题,课题组分别抽取三所新闻传播类高校作为样本开展实证调查,参与者涵盖大学本科各个年级。调查问卷大致包括三个方面的内容:一是新闻传播类专业学生对政治家办报思想的了解情况;二是新闻传播类专业学生获知政治家办报思想的途径;三是对政治家办报思想与自己发展关系的认识。

问卷调查结果反馈,20%左右的学生(政治面貌均为党员或预备党员)很了解政治家办报思想,并认为政治家办报思想与新闻传播类专业学生成长之间的联系十分紧密,对今后的工作也很实用。其余80%的学生(政治面貌均为团员)表示了解一些,只限于课堂教学中的一点粗浅认识,认为个人发展是最重要的,与政治家办报思想的培养与践行并没有多大联系。由此可以看出,当前,新闻传播类专业学生注重自身业务能力的发展较多,而对政治家办报思想以及由其指向的政治理论素养培养缺乏应有的认知。

新闻事业是社会上层建筑中必要的组成部分,与政治的关系密不可分。随着经济社会迅速发展和传媒业市场化,商业价值已深深地植入社会诸多领域。新闻的真正品格无法体现、功能实现受到限制,新闻的核心内容得不到升华,新闻工作者的真正价值更是受到追逐商业价值的侵蚀,缺少了对社会舆论正确的引导,缺少了稳固的政治立场。唯有回归到政治理论素质的培养,才能使新闻工作者认识到作为新闻工作者本身的价值意义所在,重新挖掘出新闻报道的重要意义,把握新时代中国特色社会主义社会建设的主旋律,不断为新闻舆论引导注入活力。

三、提升政治理论素养的对策

目前高校新闻传播类专业在培育学生政治理论素质方面效果并不理想,究其根本,关于政治家办报思想的教学落实不是很到位,学生不清楚政治家办报思想对自身发展的重要性,认识仅存在于课堂教科书讲解这一层面上,这种方式其实降低了政治理论素质培养的效果。针对如何在教学过程中培养政治理论素质,可以从以下方面着手。

(一)加强马克思主义新闻观教育

新闻观不仅能影响一个新闻工作者的行为,而且还会影响群体及组织的整体行为。所以说,正确的新闻观必须通过宣传、教育、制度等手段来实践,从而使得新闻舆论能够起到正确的引导作用,弘扬社会的主旋律。

马克思主义新闻观的经典理论是政治家办报思想的理论来源,是指导我们做好新闻工作的思想保证,可以引导舆论向正确方向发展,创造良好的舆论环境,推进新闻事业的改革,为新闻工作者提供强大的精神支撑。教师教授马克思主义新闻观经典理论,可以帮助学生牢固坚持党性原则,也为新闻教学和人才培养工作提供了一个明确的方向。

开展马克思主义新闻观经典理论教育,就是要通过学习,认清新闻宣传工作的意义,进一步矫正思想和政治上的偏差,确保思想的先进性和统一性,维护社会政治的稳定。培养学生能站在政治的高度上看问题,坚持政治家办报思想不动摇,以高度的政治责任心,饱满的精神状态,投入到今后的新闻事业中。

为了能深入地研读政治家办报思想,组建学习讨论小组,推荐阅读经典的新闻著作,深入、全面地了解政治家办报思想的实质和精髓。同时结合新的时代特征,防止学生阅读经典原著走入瓶颈,时刻保持学生思想感悟的先进性。

马克思主义新闻观教育要明确要求、紧抓重点,尤其是在亟待解决的问题上下足功夫,利用马克思主义新闻观经典理论审视现实问题,不至于误入歧途。学习时,一定保持严谨认真的态度,详细深入地研读有关文件和思想原著,深刻领悟其中丰富的思想内涵和精神实质,掌握好理论核心,提高党性感悟以及鉴别是非的能力。

通过学习马克思主义新闻观经典理论,加深对政治家办报思想的认识,始终坚持党的领导、贯彻党的方针政策。充分发挥好喉舌的作用,坚定不移地服务于党、服务于人民,在利益诱惑面前,忠于自己的信念,忠于党的意志,不做出危害社会的行为。在学习过程中,不断提高党性觉悟,摒除利益至上的思想观念,纠正错误的金钱价值观,一心向党为人民。

总的来说,掌握马克思主义新闻观的经典理论对新闻传播类专业学生是非常必要的,学生可以熟悉国情,学会运用马克思主义的立场、观点和方法,分析问题,解决问题。更重要的是从根本上解决学生对政治家办报思想领悟不透、践行不力的问题,能够使学生自身的底气、眼光和学养得到大幅度的提升,为今后学生从事新闻事业提供一个坚实的思想基础,更好地实现新闻工作者的人生价值。

(二)开展红色革命传统教育

红色新闻资源是宝贵的新闻宣传思想政治教育资源,是新闻事业开端和发展的见证,也是马克思主义新闻观中国化的见证,在新闻事业发展史上占据着极其重要的地位。同时,红色新闻资源还是具有普遍教育意义的鲜活素材,反映出革命先辈、新闻前辈对于新闻事业的远大理想和坚定信念的不懈追求,饱含着对新闻事业的无限热爱,体现出典型的政治家办报思想。所以,挖掘红色新闻资源的教育价值,对培养新闻专业性的政治家办报思想具有重要的意义。

红色新闻资源能有效丰富教育内容,创新教育方式。充分利用多种多样的鲜活素材,实现不同的政治理论素质培养目标,让学生可以在短时间内做到学、思、行。利用红色新闻资源的独特展示,激发学生的学习兴趣,调动学生的思维活力。例如播放历史短片,展示文献材料,参观新闻纪念馆和旧报社旧址等。让学生从感性和理性、内容与形式、课堂教授与自身体验并重等方面出发,将蕴含的思想理念、传承的历史文化以及新闻前辈们自身的革命精神、人格魅力全部融合到教学过程中去,把看、听、思、悟、学融为一体,学生亲身感受、主动思考,全方面、多层次地学习、感悟"政治第一、技术第二"的新闻事业规律遵循。

学生通过参观、考察红色新闻资源,获得关于政治家办报思想的直观感受,加深对其思想的认识和理解,端正学习态度,从中吸取精髓,升华自身品格。

(三)联系实际开展课堂教学

教育学是研究人类教育现象和解决教育问题、揭示一般教育规律的一门社会科学。书本上的知识之所以难懂,是因为文字抽象、独立,需要我们经过反复地阅读、整理,阅读再整理来完成对知识的消化和认知。老师的教学方式很大程度上会直接影响学生接受知识的深度和广度,一味地死抠书本文字,按部就班地讲授大纲知识,会使马克思主义新闻观教育效果难以达到最优,特别是对于政治理论知识。

从宏观的教育学角度看,课堂教学多联系实际,是帮助学生全方位、多层次接受知识最好的教学方式。联系实际,用事实说话,使原本枯燥无味的文字变得鲜活生动起来,最大可能地吸引学生的注意力,引起学生对知识进行探索的学习兴趣,从而达到好的教学效果。

新闻传播类专业课堂教学中,知识和实践的联系更加紧密,从社会实际情况分析解读政治家办报思想要比抠字面意思来得更加深入透彻。用鲜明典型的事实教育学生,然后有针对性地回归到课本,不仅有效提升课堂教学的气氛、学生听讲的效率,而且使得政治理论学习在联系实际的过程中得到升华,达到思想教育的目的。

新闻教育联系实际的过程也会激发学生的创新思维,使得学生在接受政治家办报思想时,不再停留在理论的初级层面,即使面对纷繁复杂的思想冲击,也能对政治家办报思想进行全面系统深入地认识,能够抓住政治家办报思想的核心,结合时代新特色挖掘出政治家办报思想的新内涵,提升自身的思想境界。

(四)探究主流媒体经典案例

优秀的新闻作品是政治理论指导实践,贴近群众实际生活,有人情味、有深度、耐人思考的。优秀新闻作品发挥着示范引导作用,推动新闻工作者坚持正确舆论导向;鼓励新闻工作者深入新闻一线进行采访、写作,促进编辑切实遵循新闻规律进行编辑、分发;推进建设政治觉悟高、业务素质精湛、纪律严明、作风正派的新闻工作队伍。

通过还原新闻工作者创作典型新闻作品的过程,能表现出一个新闻工作者良好的政治修养,作品中所体现出的党性原则和为人民服务的思想,渗透着政治家办报思想。学习经典新闻作品内容的同时,还要研究编辑在作品形成过程中可能体现出的政治理论素质。

例如,陈锡添改革开放后的优秀作品《东方风来满眼春——邓小平同志在深圳纪实》,在报社刊发时产生分歧。但陈锡添始终没有放弃对邓小平视察深圳的认真采写,他坚持新闻工作者的政治家办报思想,发挥出自身良好的政治修养和把关意识,紧贴社会发展趋势,用实录的方式有效地宣传了党的思想路线。《东方风来满眼春》的发表成为新闻界在思想解放运动中的标志性事件。由此可见,组织学习新闻经典案例对培养学生政治家办报思想具有典型的教育意义。

对于思想教育来说,一味地接受并不是最佳的方式。学习讨论小组为学生彼此交流政治理论的学习心得提供了一个平台。定期要求各小组对学习感悟进行整理,撰写学习心得,让每个人都有新收获,最终达到良好的学习效果,使得每个人都参与到思维创新过程中来。

(五)培养时政新闻阅读习惯

新闻传播类专业的学生一定要关注新闻,关注和新闻有关的新闻。政治家办报思想对培育新闻传播类专业学生至关重要,高校有责任、有义务让学生认识到其思想的重要现实意义,要善于督导学生接受时政新闻,帮助新闻传播类专业学生深刻认识党制定方针政策的出发点,理解贯彻实施的现实意义。

利用校园广播、报纸、微博、网站等多种校园媒体的日常宣传功能,积极宣传党的方针政策,将政治家办报思想融入学生的生活。同时就新闻传播类专业学生所关注、关心的要闻大事进行详细、形象的讲解,分析其中党的方针政策的立足点,让学生在学习专业课的同时,逐渐培养起时刻关心政治的意识。培养学生政治家的大局意识和深入基层的群众意识,这样才能培育出全面优秀的新型新闻人才。

3.4 "好记者讲好故事"走进课堂

"好记者讲好故事"是当代新闻实践优秀案例的集中呈现。本节从新闻舆论工作方法、新闻工作者的职业操守、新闻记者成长的基本路径和课程思政四个方面,对"好记者讲好故事"活动进行内容分析,分析其在新闻传播类人才培养中的地位、作用和现实意义。"好记者讲好故事"活动为各大新闻院校提供了新闻传播类人才培养的新支持,课程思政教育的新模式、新素材,也是强化新闻传播教育和新闻传播业界联系融合的一个重要方面。

2014年记者节,为在各省深化落实"走转改",全国新闻战线开展了"好记者讲好故事"演讲活动,至今举办6届,5万多人次的记者和编辑积极讲述自己的亲历、亲闻和亲为,在全国举办70多场报告会,近2万人次的新闻工作者走进校园与高校师生共同参与这一活动。随着活动不断发展和扩大,其在高校新闻传播专业的影响力也越来越大,逐渐发展为新闻工作者与新闻院校师生开展马克思主义新闻观教育的新载体,学习成长的新平台。"好记者讲好故事"在进校园活动中,高校与新闻媒体积极展开合作,创建合作的新项目不仅展示了新闻工作者的新形象,还对新闻院校培养新闻传播类学子产生了重要的影响。

在教师教学方面,"好记者讲好故事"为新闻理论和实务课程提供了丰富且生动鲜活的案例,教师通过对好记者、好故事的研究分析,提高自身的教学能力,并在教学实践中创新课堂模式,丰富课程内涵,加强课堂互动环节设计,将其中的实践元素与专业知识相融合,做到隐性教育与显性教学的有机统一。

在学生学习方面,学生通过对典型案例的分析和研究,一方面可以学习优秀记者的业务方法,为新闻实践活动提供借鉴,进一步增强自身的实务能力;另一方面,"好记者讲好故事"通过进校园演讲,与学生们产生亲密有机的互动联系,优秀记者们在演讲中所展现出的优良品质和人格魅力也可以激发学生坚定爱国信念、树立新闻理想。

一、"好记者讲好故事"与有效的新闻舆论工作方法

2016年2月,习近平总书记先后在人民日报、新华社和中央电视台进行调研,在随后召开的新闻舆论工作座谈会上对党的新闻舆论工作提出了新要求,即要求新闻工作者在新闻写作和宣传中首先要把政治方向摆在第一位,坚持党性原则,以马克思主义新闻观为指导,坚持正确的舆论导向,在宣传中以正面宣传为主。这一要求对新闻工作者更好地履行其责任和使命提出了新标准、新要求。这一要求一方面总结了过去我国新闻舆论工作的经验,也进一步强调了新闻舆论工作的本质和要求,更加明确了新闻工作今后的发展方向。

(一)新闻舆论工作方法在新闻人才培养中的重要性

习近平总书记强调:"党和政府主办的媒体是党和政府的宣传阵地,必须姓党。"新闻舆论工作作为党治国理政的一项重要工作,具有鲜明的意识形态属性,它不仅对传播事实真相和宣传党的思想具有重要作用,而且还是在社会发展中引领人民群众树立社会主义核心价值观的重要依托,这都要求在新闻舆论工作中必须把党性原则放在第一位。

新闻院校不仅承载着教授新闻学知识的功能,还肩负着培养新时代新闻人才政治理论素质的重任,要培养一代又一代坚持党的领导的新闻人才的关键就在于正确的思想引领。通过

新闻舆论工作方法教育,主动占据思想观念教育阵地,是帮助学生形成正确的政治道德观念的重要方法。新闻舆论工作方法是新闻院校人才培养建设的一项重要内容,加强和改进新闻舆论工作方法、培养手段是落实立德树人根本要求、推进"三全育人"综合改革的重要内容。将"好记者讲好故事"融入新闻课程教育中可以更好地巩固和壮大党的意识形态矩阵,深入马克思主义新闻观教育,引导学生形成正确的思想观念和新闻舆论工作方法。

(二)新闻舆论工作的基本方法

1. 坚持党性原则,增强"四个意识"

面对当今复杂的国际形势,新闻传播类人才的培养面临着多元价值观的时代挑战。将"好记者讲好故事"融入课堂可以很好地在教育教学全过程中贯穿党性原则,坚持马克思主义新闻观。课堂上,教师在分享"好记者讲好故事"真实案例的过程中,积极将其与课程理论相结合,从而增强学生的"四个意识",引导学生坚持党性原则、群众导向,使学生自觉融入国家、民族、人民之中。

例如在"好记者讲好故事"中,上海广播电视台记者叶子龙讲述了中华全国新闻工作者协会的前身"中国青年新闻记者协会"在抗战时期的主要事迹,以范长江为代表的进步青年新闻工作者把自发的救国行动转化为有组织的集体行动,这既是新闻救国力量的所在,也是老一辈新闻工作者充满诚挚的爱国主义和尊重真理的职业精神所在。新一代新闻工作者要坚持传承老一辈新闻工作者始终跟党走的优良传统,要与国家同心同德,激发学生的爱国情怀,并对新闻职业理想起到示范教育作用,引导其为国家贡献力量,积极宣传党的方针政策,始终以人民为中心,把握时机,推动社会进步。

2. 坚持马克思主义新闻观,做到理论指导实践

马克思主义新闻观是马克思主义关于人类新闻传播活动规律的总看法,是无产阶级政党领导新闻舆论事业的指导思想和行动指南。习近平总书记强调:"新闻观是新闻舆论工作的灵魂。""要深入开展马克思主义新闻观教育","引导广大新闻舆论工作者做党的政策主张的传播者,时代风云的记录者,社会进步的推动者、公平正义的守望者。"而实践性作为马克思主义固有的理论特征,立足实践的理论创新是保持马克思主义新闻观生命力的根本途径。

"好记者讲好故事"为新闻理论指导实践构建了新范例,它展示了优秀的记者如何在理论指导下挖掘主题,讲述好故事,发展创新报道形式,并在实践中验证真知真理。新闻院校作为培养高素质、高质量新闻工作队伍的重镇,将这一活动引入课堂可以坚持新闻传播学科注重实践的属性,从而使教师在自身教学能力发展和人才教育培养过程中,不仅培养和发展学生的实践知识,而且在理论知识的基础上形成实践内容,推动实践创新和理论创新。

《光明日报》记者郑晋鸣在不到五年的时间里九次登上开山岛,与王继才夫妇同吃住,通过亲身经历,讲述了守岛人王继才夫妇的故事。运用脚力、眼力、脑力和笔力写出了受到全国人民点赞的好稿。郑晋鸣用演讲的形式与新闻学子面对面交流,让学生们学到在面对新闻事件时如何挖掘选题、观察细节、写好故事,并最终使之成为新闻学课堂理论教学的精彩案例补充与佐证,以此成功地将马克思主义新闻观融入实践教学当中。

"好记者讲好故事"中的新闻记者,正是在采访写作中坚持马克思主义新闻观的典型代表,将这一活动融入课堂教学中可以使马克思主义新闻观这一抽象的概念在课堂中化作细节、落到实处,使学生在学习过程中达到入耳、入脑、入心、入行的效果,使之更加深切地感受到马克思主义新闻观在新闻实践活动中的地位和作用。

3. 坚持正确舆论导向

牢牢坚持正确的舆论导向是新闻舆论工作的核心和灵魂。习近平强调："新闻舆论工作各个方面、各个环节都要坚持正确舆论导向。"每一篇新闻报道都要有导向，不同的导向对社会实践产生不同的影响。要坚持实事求是，在确保正确舆论方向的同时，把握事件的全貌，杜绝以偏概全。

"好记者讲好故事"中的案例涵盖多个方面，不同的案例所展示的方向也不一样。将这一活动引入课堂可以为学生展示在不同事件、案例中把握大方向、抓紧小细节的方法。从而在做好舆论监督的同时，把握好舆论导向，做到舆论监督与正确舆论导向宣传的有机统一。

案例中，一位生在新疆、长在新疆的新疆人民广播电台记者赵萌，为我们讲述了75岁维吾尔族大爷胡达拜地·依明24年来，每天坚持在自己家的院子里升起国旗，并带动村里很多人自发升旗的故事。其中讲到阿泰勒地区遭遇60年不遇的大雪时，牧民们通过红旗让飞行员在恶劣的天气中解救了牧民的感人故事。将类似这样的案例引入课堂教学中，可以让新闻专业学生在面对重大复杂的突发事件和热点问题带来的挑战时，勇于并善于引导舆论，正确分析事件和问题，避免错误的思想和观点，在直面舆论矛盾点的同时，积极进行正面宣传。

4. 坚持正面宣传，增强吸引力与感染力

新闻工作者要做好新闻事件的正面报道，并增强报道的感染力。真实性是新闻报道的生命，我们不仅要准确报道个别事实，正确感知其内容，更需要从宏观的角度捕捉事件或事物的全貌并给予反馈。

"好记者讲好故事"中包含大量真实案例，记者通过讲述自己采访报道的过程，展现出一篇篇新闻报道背后的故事。教师把这些案例引入课堂，既能帮助学生提高新闻采访技能，又能教授学生在面对新闻事件时把握好新闻报道的时度效。通过对新闻事件的正面宣传，增强新闻事件对公众的吸引力、影响力和引导力，让人民群众喜欢看、爱看，充分发挥新闻报道的社会功能。

新华社记者汤计在追踪和报道"呼格冤案"的过程中，先后9年写了9篇内参和公开报道，为了给呼格吉勒图平反昭雪，他多方寻求证据，多次反映实情，充分行使记者的舆论监督权，最终在2014年，蒙冤18年的呼格吉勒图得以释放。在此案中，汤计正确分析事件问题，多方求证，坚持正确的舆论导向，积极引导舆论，将事件全貌公之于众。

新闻传播类专业学生在新闻报道中应该认识到，对新闻事件行使舆论监督权和对新闻事件进行正面宣传两者是统一的，一方面在新闻报道中要直面负面的社会现象，另一方面也要把握事实真相，客观分析，努力使其产生正效果。"好记者讲好故事"在这一认识过程中可以产生很大的积极影响。

二、"好记者讲好故事"中新闻工作者的职业操守

(一)新闻工作者的基本职业操守

随着时代的不断变革，新媒体与传统媒体之间的融合加快，媒体朝着数字化和移动化不断发展。一些新闻记者为了追求新闻报道的高点击率，利用夸张的标题吸引受众，而其中的内容质量却经不起检验，一些记者对待采访对象、新闻写作极其敷衍，甚至还有些记者图"省事"，直

接将自己当作了新闻工作的"搬运工"。新媒体时代信息的品质受到越来越多的挑战。这些新闻工作者往往都缺乏爱岗敬业的精神,没有树立正确的新闻理想,致使其在日常工作中不能深耕细作,一步一脚印。因此各新闻院校在对后备新闻人才的职业操守培养方面显得格外重要。

"好记者讲好故事"直观展示了一名优秀的新闻记者需要具备爱岗敬业的职业素养。记者用大量的案例说明只有坚定新闻理想,坚守"四力"才能写出群众称赞的好稿。将这一活动引入课程教育中,通过案例分析,可以让学生们意识到作为一名合格的新闻工作者只有脚踏实地,才能在日常生活中挖掘出好的新闻题材;要在新闻工作中植入坚持不懈的工匠精神,在事业上不断追求更高的业务水准和质量;要有爱岗敬业的精神,热爱自己的新闻工作,并且全身心地投入到新闻工作中。

(二)"好记者讲好故事"对新闻工作者职业操守的传播

1. 树立新闻理想,脚踏实地

在新媒体时代,"万物皆媒"使得人人都可以自由发表自己的意见,鱼龙混杂的舆论场对新闻专业学生的成长的影响愈发明显,培养新闻学子树立正确的新闻观念是当今新闻院校人才培养的重中之重。要实现高水平的人才培养目标,其中一条重要途径就是帮助学生树立正确的新闻理想,才能为繁荣新闻事业打好人才基础。

"好记者讲好故事"活动中的记者动用自己的脚力、眼力、笔力、脚力,深入人民群众当中,为了新闻的真实性与群众朝夕相处,只为做到讲好真实的中国故事,传播好中国声音,展示出新闻记者高尚的新闻理想。新华社记者讲述了自己七年来如何在三个战场之间周转,为世界报道出真实的战地新闻等案例都是新闻记者新闻理想的真实写照,将这些案例引入课程教育中,可以让学生们更加真切地感受到只有坚守正确的新闻理想,才能成长为一名合格的新闻工作者。

2. 坚持职业精神,精益求精

随着网络纵深化发展,新媒体、自媒体在媒介生态中逐渐占据主要地位,虽然各类型的新闻作品增多,为受众带来了丰富的新闻作品,但是也出现了新闻内容同质化、内容质量参差不齐等问题。因此新闻专业学生在教师的引导下要意识到各媒体行业竞争的核心依然是优质内容为王,只有好的内容才能获得受众的喜爱,才能在时代洪流中成为经典之作。

"好记者讲好故事"中有大量优秀的经典作品,例如《光明日报》记者郑晋鸣的《王继才夫妇28年孤岛守海防》,在报道时代楷模王继才的过程中,郑晋鸣不到5年时间9次上岛,充分调动眼力和脑力,深入观察和思考平凡英雄背后的信仰,最后为人民大众展示了真正的开山岛,写出了生动鲜活的王继才。

这些案例引入课堂,为新闻院校培养具有精益求精的工匠精神的新闻人才提供了新的案例,通过这些案例可以让新闻学子意识到在创作新闻作品时只有脚踏实地,才能创作出真正符合受众需求的新闻作品。而好的新闻作品是需要新闻记者去深入挖掘的,这就要求新闻学子在新闻创作的过程中做到深入群众、践行"四力",从人民群众的日常生活中挖掘出好的新闻题材。

3. 坚守职业道德,爱岗敬业

时代的变迁和科技的进步是当代新闻工作者最有利的发展条件。"好记者讲好故事"中的每个好故事都说明了只有走进采访对象身边才能与其同频共振,写出好稿。例如讲述自己翻越三座海拔 5000 米以上雪山的西藏电视台记者泽仁拉姆,他不畏艰难,蹚过湍急的河流,越过无人的沼泽,走过陡峭的山路。正因为记者泽仁拉姆与采访对象共同走过这段从玉麦到拉萨的路,才向世界展示了西藏人民的生活和信仰,稿件写得既生动又有厚度。

这些生动真实的案例都表明,要想把采访做得生动,就要学会"站在天安门上看问题","蹲在田埂上找感觉"。"好记者讲好故事"引导新闻学专业学生在日常生活中不仅要关注时代大势,更要关心身边平凡人发生的不平凡的事,无论是在写作还是报道中,要做到讲述事实真相,亲身采访记录,与人民群众相贴近。而把这些案例融入课程教育就是为了让学生们着眼时代大局,把采访做得扎实、深入。

三、"好记者讲好故事"中新闻记者成长的基本路径

(一)"好记者讲好故事"的新闻人才成长示范意义

随着新媒体时代的到来,信息大多呈现碎片化、片面化。而公众对信息的接受度和接受习惯也发生了巨大变化,新闻专业学生要想成长为一名合格的记者,则要明确自己所处的环境和所面对的群众。在全媒时代下,新闻记者在工作中要紧跟政策,讲述大形势下的小故事;逆向思维,发现平凡中的"不平凡";抓住细节,描写普通故事中的"感人故事";创新报道形式,让普通变得"不普通"。新闻院校在培养新闻人才的过程中要把握好以下四点,对学生成长产生积极作用。

"好记者讲好故事"中一些记者紧跟时事,通过小事件讲述国家发展大政策,讲述了国家如何将大政策落实到人民群众的日常生活中;一些记者面对寻常事件另辟蹊径,抓住小细节为大家讲述平凡事中的不平凡;一些记者在媒体融合时代,充分发挥报道方式和报道工具的优势,写出不一样的报道。这些正是展示一位合格的新闻记者所需要经历的成长路径和基本素质。在课程教学全过程中,抓住这四点,再结合"好记者讲好故事"中的案例教学,可以很好地为教学提供新闻人才培养的新途径和新方法。

(二)"好记者讲好故事"中记者的成长路径

1. 紧跟政策,讲述大形势下的"小故事"

高举马克思主义新闻观的旗帜,是新闻教育的根本遵循。"好记者讲好故事"中的好记者坚持马克思主义新闻观,维护党和人民利益,把"政治故事"讲得真切。"好记者讲好故事"中,辽宁记者李承泽通过讲述辽宁营口鞍钢鲅鱼圈新厂为中马友谊大桥研制出定制桥梁钢,这座桥推动了中俄"一带一路"建设,是新时代"一带一路"建设的缩影之一。从"桥梁建设"到"一带一路",我们看到的是中国构建人类命运共同体的步伐。

在这些案例中记者并没有把理论政策直接展示给群众,而是将政策效果真实呈现。将这些案例引入课程教育,能够让学生学到如何把党的理论方针、路线、原则同人民群众的自觉行动结合起来,反映人民群众的现实生活,从而做合格的时代讲述者和时代记录者,结合实际,从小到大,讲好"政策故事"。

2. 逆向思维,发现平凡中的"不平凡"

"好记者讲好故事"中大量的案例表明,好的故事不仅需要足够真实的人、真实的事,更需要记者们运用逆向思维讲述,这样一件平凡的事就会变得不平凡,也随之成为一个好故事。"好记者讲好故事"中有很多新闻记者在面对新闻写作时,不使用平时的写作方法,使用逆向思

维,从而写出了很多"人无我有、人有我优"的稿件。

例如新华社记者凌朔在面对国际舆论中的南海问题时,他收集各种意见,对东南亚国家官员、学者和专家提出的观点和建议进行研究,整合了大量的采访材料和各种新闻事实,最终在他们的连续追踪和报道中,真相浮出水面,在南海问题上打了一场漂亮的"舆论战"。这说明,只有不断质疑观点,才能从不同的角度和态度还原事物的本质和真相。

将"好记者讲好故事"引入课堂可以帮助高校新闻传播专业学生学会客观公正审视问题,并培养质疑的精神。新闻专业学生要摆脱固定的成见与偏见,接受甚至相反的想法,对自己看到的东西持怀疑态度,有些问题应该从不同的角度去理解,寻找和探究事件背后的意义,在"一个故事"中找到"另一个意义",向受众展示事物的真实特征。

3. 抓住细节,描写普通故事中的"感人故事"

新时代媒体记者和新闻学子必须善于观察普通人日常生活中看不到的小细节,挖掘隐藏在背后的动人故事。

"好记者讲好故事"中许多优秀的稿件都是小细节所成就的,记者们在采访过程中多方观察,将其融入文章当中,最终写出了震撼人心的好故事。《光明日报》记者郑晋鸣在讲述小岛夫妻的故事时,通过描述王继才升旗,王仕花敬礼,岛上的三只小狗,五条泥鳅和三只不会打鸣的公鸡这些小细节,让人们感受到了其中的真情实感,更让群众看到王继才夫妇的不易和坚守。山西广播电视台陈湘25年与盲孩子们做伴,她讲述了名叫大大和小小的孪生兄弟因为想念书遇到的困难。这些小故事、小细节让人们了解到了我国在特殊教育方面的不足与问题,而陈湘的报道也推动了这一方面的工作。

好的新闻故事都是新闻记者通过自己的眼睛和心灵挖掘出来的,"好记者讲好故事"中的记者往往能够注意到别人所不能发现的事物细节。将这些案例引入课程教学,可以让学生学到如何发现典型细节、如何用细节去打动受众,让受众通过一个细节记住一个故事,以此可以写出一则好的新闻。

4. 创新形式让普通变得"不普通"

新媒体时代有许多有趣的故事,但它们往往隐藏在未知背后。"好记者讲好故事"中许多记者以新的形式把勤劳朴实的人们传承下来的民间传统和民间故事展现在镜头前。

《楚天都市报》记者何婷在采访"煎饼姐"汪天姣时大胆采用新媒体视频直播的方式,在采访过程中带动了煎饼的售卖,随后通过微信、微博、客户端和报网发起了"全城吃饼"的活动。在媒体融合时代,何婷充分发挥报道方式和报道工具的优势,深入基层,采写出了有思想、有温度、有品质的好作品。山东卫视新闻主播崔真真在面对电视台业务改革时,从主播岗位转向融媒体报道。在2018年上海合作组织青岛峰会中,崔真真为了让观众全景式了解峰会的情况,与自己团队开办八国拍客联动直播、"闪电新闻"连续72小时不间断高密度直播、专题节目深度报道等等。

上述案例都说明,媒体融合时代要求新闻人才会使用多类型的新闻媒介,新闻传播类专业的学生必须适应多媒体、多渠道的新闻传播。将案例引入课程教育中,为培养新型的全媒体复合型人才提出了新要求、提供了新方向。

当下,媒体间的融合加快,这在为新闻编辑的发展提供广阔空间的同时,也对新闻工作者提出了更高的要求。在教学活动中,教师应明确把握以上四点,将案例与培养学生新闻选题能力、新闻判断力、把关力和正确的思想观念与敬业的品质相结合,做到知识传播与成长引领相结合,培养学生在写作新闻时抓住细节、从不同的方向思考选题,利用新媒体创新报道形式,做合格的时代讲述者和记录者,培养出专业基础扎实、业务精湛的新时代新闻人才。

四、"好记者讲好故事"是一门专业思政大课

(一)新闻传播类专业课程思政的背景

在新媒体与传统媒体快速融合和网络技术快速发展的背景下,出现了"万物皆媒"的传播格局。受众在积极、充分地参与信息传播的过程中,事实与谣言的界限变得愈发模糊,并且各种虚假信息和负面言论被快速且大量的传播,从而社会舆论生态逐渐出现了非理性特征。新闻工作者需要坚守其所担负的社会责任,坚决维护新闻伦理,为致力于维持健康舆论生态,坚决抵制为追求流量点击率而背离公共价值内容的媒体行为。

社会经济不断发展,包括新闻传播类专业学生在内的众多大学生周围充斥着多元文化思潮,而大学生们也面临着各种思想价值的利诱与影响,要想使大学生们时刻保持头脑清醒,学校要重视课程思政工作,特别要重视新闻传播类专业学生的课程思政工作。而"好记者讲好故事"本身就是一堂独特的思政课,无论是记者所讲述故事中的主角所具备的道德品质,还是新闻记者自身的新闻素养,其中都蕴含丰富的思政资源,通过引入课程教育,可以加强课程育人体系建设,实现思政教育与专业课程的融合,塑造学生的世界观、人生观和价值观。

(二)"好记者讲好故事"的课程思政价值

1. 为课程思政提供新案例

当前,课程思政深受各个高校重视,但是长期以来思政课程与专业课程相分离使之成为课上附加的牵强的道德说教,从而使这一课程教育一直浮于表面。

新闻传播类理论和实务课程都依托案例进行教学。"好记者讲好故事"中的案例大都包含了能够对学生进行思想引领、价值观引导的元素。教师通过挖掘案例当中可以对学生产生正面影响的思政元素,例如爱国、爱岗、"四个意识"、"三贴近"等,对其加以整理和提炼,从而可以使之成为日常课堂思政教育的重要素材来源。

2. 创新课程思政方式

"好记者讲好故事"通过讲故事,传播和弘扬社会主义核心价值观。首先,讲故事是人类个性的主要表现形式,是一种大众化的传播方式;其次,讲故事可以给新闻传播类专业学生传递更多正确的价值观。第五届"好记者讲好故事"的优秀记者《光明日报》郑晋鸣通过讲述王继才夫妇28年的守岛故事,传递了新时代的楷模精神;《人民日报》张烁通过采访钟扬、赵家和、张丽莉这些无私奉献的共产党人,讲述了他们以信仰的力量为自豪,也让人们懂得了中国梦的意义和社会主义的根本价值。最后,讲故事是最好的传播方式,它要求新闻传播类专业的学生学习马克思主义真理和社会主义核心价值观,创造性地开展思想政治教育,引导学生通过讲故事的形式认识和自觉实现社会主义核心价值观。

3. 为拓宽课程思政渠道提供新可能

"好记者讲好故事"进校园活动拓宽了新闻专业学生思想政治教育的渠道。"好记者讲好故事"演讲比赛一等奖获得者汤婧是广西广播电视台的一名年轻记者,汤婧长期深入基层,作

为第一批接触黄文秀家属的记者,为了写好黄文秀的先进事迹,在10多天的采访中,汤婧的足迹几乎踏遍黄文秀生前所到之处,采访到她的亲属、同学、朋友、同事、村民、村委会干部等50多人,既丰富又准确的材料不仅再现了动人的细节,也震撼了汤婧的灵魂,这不仅为她写作打下了坚实的基础,而且也使她的思想观念升华到一个前所未有的高度。

"好记者讲好故事"中,无论是新闻工作者本身,还是讲述的案例,蕴含的新闻舆论工作要求、新闻工作基本操守、新闻记者成长之路和课程思政元素都对新闻传播类人才培养提供了新的教学案例。

另外,在教师层面,该活动中大量丰富的案例不仅为教师的课堂教学提供了经典的素材,而且在素材的提炼与总结方面也对教师提出了更高的要求。教师需要积极主动地选择在新闻领域中具有示范意义的采写编个例作为课堂补充。再发掘其中所蕴含的正确世界观、人生观和价值观,做到知识传播与价值引领同时进行。例如在讲授《新闻写作》课程时,新闻选题的选择和策划、新闻写作的基本原则和基本要求,消息、通讯等长篇新闻写作的方法等都可以将"好记者讲好故事"中的经典案例作为示范和补充。案例中选题的确立、记者的采写思路和价值立场等都能通过教师的讲解,发挥最大的教育作用。教师在教学过程中可以结合"好记者讲好故事",设计小组探究、汇报和互动分享等环节丰富课程内容,创新课堂模式,调动学生的主动思考力和探索力。"好记者讲好故事"在日常教学活动中既可以作为培养学生新闻传播学专业知识和素养的重要补充,也完全可以作为培养学生树立马克思主义新闻观、职业道德和职业理想的重要支撑点。

在学生层面,该活动通过进校园演讲、现场互动和交流,让学生感受到优秀新闻工作者的职业素养和报道对象的优良品质。活动中大量优秀感人的案例为学生提供了学习的范本,案例中蕴含了丰富的新闻业务方法、专业技能和素养,学生通过对其中采写编方法的提炼总结和学习,与日常新闻实践活动相融合,可以进一步补充课堂知识,实现实践知识反哺课堂理论教学。"好记者讲好故事"案例中所表现出的新闻工作者职业操守和专业素养也在另一方面为学生们树立了学习的榜样,帮助学生树立正确的新闻理想,保持良好的职业操守。

总之,"好记者讲好故事"不仅是宣传和讲好中国故事的新平台,也是高校新闻传播类专业进行人才培养的重要资源。"好记者讲好故事"走进校园,走进课堂,有助于培养政治觉悟高、业务能力强的新闻人才,为党和人民凝聚书写中华民族伟大复兴的强大新闻宣传力量。

3.5 现场教学的"三个现场"

现场教学是高校马克思主义新闻观教育的一种主要方式，也是规避新闻传播类人才培养与历史、实践脱离的有效路径。高校马克思主义新闻观教育要抓住反映马克思主义新闻观中国化进程的红色历史现场、马克思主义新闻观指导的新闻宣传实践现场和体现媒介与社会互动的社会发展现场，围绕这"三个现场"组织教学，并进一步进行课程建设、教材研发，提升马克思主义新闻观教育的效果。

马克思主义是中国共产党立党立国的根本指导思想。习近平同志讲，"不忘初心，继续前进，首先坚持马克思主义的指导地位"，"深入开展马克思主义新闻观教育"和"牢牢坚持马克思主义新闻观"。深入推进高校新闻传播类专业马克思主义新闻观教育"入脑""入心"，要从教育传播科学的角度出发，创新教学方法与路径，提高学习主体的积极性，降低马克思主义新闻观内容传播过程中的信息噪声，力争取得更好的教学效果。现场教学作为一种临场化的教学方式，既有教学场景的特定性，也有教学内容的具体性和针对性，具备增强教学内容说服力、提高学习过程参与性、确保教学效果有效性的可能性。

"三个现场"从纵向上审视，具有紧密的内在联系，关照了马克思主义新闻观中国化发展的历史进程；从横向上来看，实现了马克思主义新闻观中国化过程中理论与历史、理论与现实的结合。

一、马克思主义新闻观中国化的历史现场

历史是过去、现在、未来的整个的全人类生活。欲使学生在马克思主义新闻观教育过程中，掌握理论的本质与规律，进而实现对其价值的认同，必须重视对马克思主义新闻观中国化发展进程的教学。

从1915年陈独秀创办《新青年》杂志开始，早期中国共产党人就已经开始用实际行动在中国传播、实践马克思主义。在中国社会历史发展进程中，马克思主义新闻观与中国共产党人所开展的新闻宣传工作实践不断地结合、不断地创新，产生了丰富的马克思主义新闻观中国化成果。在实践中产生的这些成果都有其具体的历史场景、历史语境和历史现场。新闻历史现场将马克思主义新闻观中国化进程的关键环节可视化、客观性呈现，以其新闻实践的真实性成为新闻教学中的"活的新闻教材"。

马克思主义新闻观中国化与中国革命宣传工作实践相统一，也形成了足以体现丰富实践过程、足以呈现深刻理论内涵的红色新闻历史现场。这些旧址和文物是红色新闻历史发展的见证，也是马克思主义新闻观中国化成果的具体呈现，更是中国共产党人坚持全党办报、群众办报的见证。在新闻历史的现场讲述新闻史上的人和事，通过现场的讲解，营造临场化的新闻历史学习和马克思主义新闻观教育环境。现场教学结合具体的历史场景勾勒红色新闻历史的脉络,讲述新闻事业发展过程中的重要实践、重要人物和重要事件,全方位影响学生,效果明显。

例如,中国人民大学、华东师范大学、延安大学、河北大学等全国十所高校的新闻传播学院共同组织开展"重返历史现场:中国共产党百年新闻事业寻根之旅"活动就是一次成功的马克思主义新闻观教育走进历史现场的教学实践。再如,延安大学依托延安丰富的红色新闻文化资源,特别是延安时期形成的马克思主义新闻观中国化丰富成果,走进红色新闻历史现场,开展马克思主义新闻观教育,并建成国家首批课程思政示范课程"陕甘宁边区新闻史——走进新闻历史现场"(在线课程),希望能将红色新闻资源的育人功能在虚拟空间拓展。

将马克思主义新闻观中国化的历史现场作为现场教学的首要选择,开展形式多样的教学活动,不仅丰富了新闻专业马克思主义新闻观教育的授课形式,也能使学生走出教科书,深入历史现场,深度感受和回顾中国共产党新闻事业的发展进程。其根本则在于让学生真学、弄懂马克思主义新闻观中国化的艰苦实践和丰富成果,真信这些成果所蕴含的丰富智慧和强大理论生命力、实践推动力,切实增强"四个自信"。

当然,在马克思主义新闻观中国化的历史现场开展教学,教师仍然要备好课。首先,要从教学内容出发,判断其现场教学的必要性和可行性。虽然历史现场教学具有以语境性、多义性、连接性为特征的空间开放性、深度体验性、高度互动性、强烈情感性等优势,但也不能奉教学的仪式感为圭臬,应该根据教学内容选择教学手段和空间。以红色新闻历史现场是否支持、响应教学内容,提升教学效果为基本遵循。其次,认真审视"现场"的典型性、代表性。评判其是否典型的重要依据是历史现场与马克思主义新闻观教学体系和内容是否具体对应。例如,讲授毛泽东新闻观时,延安《解放日报》改版的历史现场是最好的选择,因为毛泽东的新闻观、党报的重要理论就是在这一过程中形成的。当然,历史现场的还原不可能做到完整系统,在历史现场的教学应当注意点面结合,在具体典型历史场景中完成系统、体系化的马克思主义新闻观教学内容。

在历史现场开展马克思主义新闻观教育不是必然的,而是应然的一种教学方法,应努力摒弃走过场、搞形式的教学方式,尊重知识传授的规律性,精心设计,切实以提升教学效果为出发点,扎扎实实做好现场教学设计、过程实施和效果反馈。

二、马克思主义新闻观中国化的实践现场

新闻宣传机构、媒体是新时代中国共产党领导新闻宣传工作的主阵地,也是践行并推动马克思主义新闻观中国化进程的主场域。新闻宣传实践不仅将马克思主义新闻观中国化的丰富理论成果与实践相结合,也是马克思主义新闻观结合时代特点进行理论创新和实践创新的桥头堡。从马克思主义新闻观理论创新发展的过程来看,其毫无例外地成为马克思主义新闻观教育的第二个重要现场。

一是主流媒体是开展马克思主义新闻观现场教学的首要选择。主流媒体是马克思主义新闻观中国化成果系统运用、忠实实践和检验的主战场,更是新时代推动马克思主义新闻观中国化理论发展的前沿阵地。在新闻宣传机构、媒体开展马克思主义新闻观现场教学,有利于学生明确马克思主义新闻中国化的新发展、新挑战、新命题,增强学生的使命感和责任感。通过带领学生研学马克思主义新闻观,指导主流媒体融合发展实践,学生进一步感受党媒如何在新时代、新环境、新语境下践行马克思主义新闻观,例如网络群众路线实现的方式等。

二是在媒体融合发展的前沿开展研学活动,也应当成为马克思主义新闻观的现场教学的重要组成部分。媒体融合发展是在马克思主义新闻观指导下的传承与创新。陶建杰、宋姝颖对马克思主义新闻观测量的研究报告中表明,新闻专业学生在新媒体实习时对党性原则的认识,比在传统媒体实习更加深刻。与传统媒体相比,新媒体基于其传播特点,受众组成和舆论环境都更加复杂,因此新媒体如何践行马克思主义新闻观、实现价值引领面临更大的创新空间和更复杂的实践环境,这些对于学生的马克思主义新闻观教育来说都是滴着露珠的生动教材。

紧密联系马克思主义新闻观指导新闻舆论工作的媒体新探索、新实践,开展现场教学,能有效规避马克思主义新闻观教育理论脱离实际的问题,增强教育的针对性。需要注意的是现场教学应该处理好马克思主义新闻观教育和具体业务教学之间的关系,不能厚此薄彼。另外,还要做好学生马克思主义新闻观当代价值认同的教育工作,也要注意时代性、前瞻性和问题导向,切忌走过程式的现场教学。

三、马克思主义新闻观中国化的社会现场

马克思主义新闻观指导新闻宣传实践的最终目的在于践行以人民为中心的宣传报道理念,实现新闻舆论工作的"四力",服务社会发展。马克思主义新闻观中国化理论成果指导新闻舆论工作建立在对社会发展现状和国情民意准确认知基础之上。

因此,新闻传播类人才培养一定不能闭门造车,马克思主义新闻观教育也切忌我讲你听式的照本宣科,应将理论教学置于波澜壮阔的改革开放和新时代中国特色社会主义社会建设实践中。以马克思主义理论指导实践的重大成果教授学生,以现实问题解决的迫切性、复杂性强化学生的专业认同、家国情怀和使命担当。

为此,以社会实践课程为载体开展马克思主义新闻观教育,带领学生深入基层,深入群众,开展社会实践调查就颇有意义。以延安大学建设的实践类国家级一流课程"大学生红色筑梦之旅"、实践类省级一流课程"新闻调查实务"为例,课程以社会实践作为必要环节,鼓励新闻学专业学生走进革命老区(陕甘宁革命老区毗邻地区),针对社会发展重大问题、人民群众重大关切、相关政策措施的落实开展项目选题策划、实践调查、数据资料分析、成果形成、反馈汇报、成果传播等实践环节。

此类课程以实践为导向,旨在培养学生在实践中发现问题、解决问题的能力。实践课程让学生走出课堂,走入乡村和社区,深入基层和广大人民群众进行调查研究,了解国计民生。过程中让新闻专业学生更加知国情、懂国情,传承延安时期的红色基因,成为能"俯下身、沉下心,察实情、说实话、动真情,努力推出有思想、有温度、有品质的作品"的新时代新闻舆论工作接班人。

开展马克思主义新闻观教育,在社会历史发展现场是基于现实对理论的审视和反思,在新闻宣传实践现场是基于理论对现实的关照,在社会发展现场能有效培养新闻专业学生的家国情怀和群众意识,使学生愿意聆听群众的心声,并做到为群众发声,真正实现"把新闻写在大地上、写在人民心坎上"。

值得注意的是,在社会发展现场开展马克思主义新闻观教育,一定要注意全局意识,关注中心工作和重点工作,围绕中心,服务大局。在走进社会发展现场开展实践教育时,应当指导学生"站在天安门上看中国","走在田埂边找话题",围绕时政、民生话题,在讨论选题的过程中培养学生的政治敏感和新闻敏感,并及时对新闻价值做出有效的判断。引导学生多角度展开思考、调研,从新闻学、传播学、社会学、经济学等学科进行指导,拓展学生的视野。

在"三个现场"开展马克思主义新闻观教学活动,是高校教育理念和方式的创新。在历史现场了解马克思主义新闻观中国化的全过程,在实践现场参与以马克思主义新闻观为指导的新闻宣传实践的全过程,在社会发展现场走进基层、深入群众做新闻。"三个现场"构建了一个立体化、全方位的马克思主义新闻观现场教学模式,和课堂教学具有相辅相成的作用。

第四章　教与学的探索与实践

　　教学是个良心活,新闻传播教育也不例外。如何做好新时代的新闻传播教育,首先要做的就是对高等教育教学规律、趋势的把握,对新闻传播教育活动一般性与特殊性的正确认知。陈旧的知识和落后的教学方式、方法均不利于教育教学质量的提高,最终对学生的成长成才会造成一定的、没有被教师察觉的负面影响。

　　教育教学活动究其根本是信息传播活动。以受者学生为本,作为传者的教师对课堂教学的设计、组织以及对学生反馈信息的接收与处理都显得尤为重要。在"三全育人"的全过程中,关注信息传授过程中的接受与反馈,做好教学内容和教学方式的适时调整,本身就是对教育规律的尊重。在此基础上的教学创新就具有了一定的质量保障。

　　众所周知,新闻传播类专业实践性很强。理论教学可以为实践教学提供必要的指导,对实践遇到的相关问题和现象进行解释和说明,而实践教学可以加深对理论教学的认识和理解,并且检验理论教学存在的问题,为理论创新奠定基础。随着媒介融合的纵深发展,新闻传播教学更应注重实践教学,从而实现理论教学与实践教学二者的与时俱进、有机结合,培养出能适应新时代发展要求的传媒人才。如何有效地将实践环节植入教育教学活动的全过程,开展过程性实践是一个值得我们关注的问题。

　　实习是新闻传播类专业人才培养的一个重要环节,但往往具有集中、短期等特点。常态化实习则是将专业实习作为专业学习过程中一种普遍、长期、持续的状态。把新闻传播实践学习和新闻传播理论学习很好地常态化结合。在按照人才培养方案做好实习工作之外,提供一切可能,搭建校内外平台帮助学生开展常态化实践实习,实现在"干中学、学中干"人才培养模式。当然,这就要求学生变被动为主动,积极参与专业实习,并且将实习作为一种持续不间断的学习状态,配合课堂理论知识教学。

　　不可否认,考试对于课程学习效果具有很强的评价意义,其可以发现学生学习中的缺陷。考试结束后,学生通常主要考虑初始学习过程中的缺点,从人的发展角度来看,这才是考试的根本价值。过程性考核测评结果可以初步衡量学生的学习效果、能力,也可以反映学生之间的差异,预见学生在未来职业中的表现。全方位教育强调从空间维度整合和利用各类教育教学平台资源,覆盖线上线下、课内课外等多个领域。新闻业务课程对多平台考核、全方位育人的教育理念具有很强的实践性。强化过程性考核帮助学生树立正确的学习观,是新时代新闻传播教育需要注意的问题。

4.1 课堂教学:教育传播循环模式

教育教学活动究其根本是信息传播活动。故其在知识、技能等信息的传播过程中,对作为受众的学生的分析显得尤为重要,其中包括学生知识获取的兴趣和信息的接收偏好等。因此作为传者的教师对课堂教学的设计、组织以及对学生反馈信息的接受与处理都显得尤为重要。新加坡高等教育的核心正是基于有职业精神的教师和对教育信息传播过程各个环节的动态监测、准确把握和掌控。

传播学涵盖了人类社会生活的诸多方面,而教育教学活动亦是人类信息传播活动的一个重要组成部分。在 2004 年出版的《信息化教育概论》一书中,南国农先生明确提出,信息化教育(教育技术)的理论基础是多层次、多方面的,其中最里层、最直接的是"学与教理论和传播理论"。从传播学角度去探讨教育活动中教育者与受教育者之间的信息互动及其规律,不仅有着它的必要性,而且有着极大的现实意义。

高等教育课堂教学活动正是一种典型的以组织传播为主要特征的信息传播活动,包括组织(学校)内部个人(学生)、团体(班级或者小组等)与其成员之间正式的和非正式的信息传播活动,组织与相关的外部环境(学科发展前沿或者校际等)之间的交流沟通活动。组织传播包括知识和技能信息在组织内流动和在组织外流动。以此审视高等教育课堂教学活动,正是一种基于学校的典型组织传播行为。于是,从信息传播角度管窥新加坡高等教育课堂教学活动就有一定的合理性和可行性。

一、教育传播的模式呈现

关于信息传播的模式,传播学者根据自己对信息传播实践的理解建构了一些传播模式及其理论,从而使信息传播的诸多重要理论都可以通过传播模式来解构。在教育教学信息的传播过程中,批判地审视一种教育教学行为的根本也是对教育信息传播模式的遵循和基于实践的反思。

信息传播的模式一般有直线型模式和循环型传播模式。线性传播模式的代表便是拉斯韦尔的 5W 模式(见图 4-1)和香农-韦弗的信息论模式(见图 4-2)。

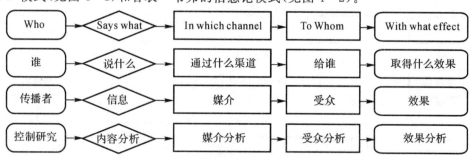

图 4-1 拉斯韦尔的 5W 模式

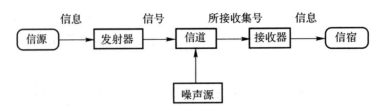

图 4-2　香农-韦弗的信息论模式

这两种传播模式直观地反映了人类信息传播的过程,是以后对传播模式认知、发展的基础。而作为早期的传播模式,直线型传播模式的信息流是单向的,只有传播过程,没有接受反馈的过程。用以上两种信息传播模式审视当下国内高等教育教学活动中的信息传播,不难发现其中存在的问题。目前国内高等教育课堂教学活动相当一部分依然是只关注传播过程中行为的实施,而缺乏对其传播效果的反馈与测量,导致教学的有效性得不到保障。

与此同时,另外一种关注信息反馈的信息传播模式——循环模式便成为解释、监测人类信息传播活动的一个重要指向。其代表是德弗勒的互动过程模式(见图 4-3)和罗密佐斯基的双向传播模式(见图 4-4)。

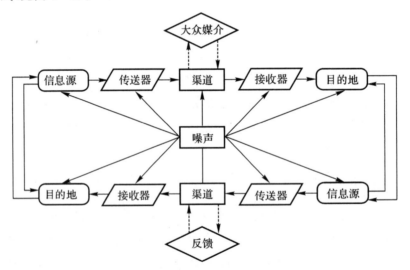

图 4-3　德弗勒的互动过程模式

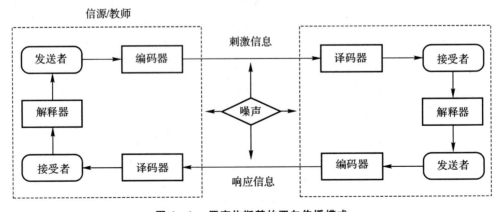

图 4-4　罗密佐斯基的双向传播模式

德弗勒的互动过程模式是在香农－韦弗模式的基础上发展而来的,该模式的主要内容是在闭路循环传播系统中,受传者既是信息的接收者,也是信息的传送者,噪声可以出现于传播过程中的各个环节。该模式明确补充了反馈的要素、环节和渠道,突出双向性,被认为是描绘大众传播过程的一个比较完整的模式。罗密佐斯基的基本观点是传播过程是一种双向的过程,传者和受者都是传播的主体。受者不仅接受信息,而且对信息做出积极反应。

以上两个信息传播的模式中,其共性就是凸显了信息的反馈和传播过程中的互动性特征,揭示了双向交流与信息共享等特征。把反馈环节作为信息传播过程中一个非常重要的环节纳入信息传播的整体,并充分考虑反馈信息对信息传播的影响和改变,认为信息传播过程的噪声随时存在,并对信息的传达和反馈造成不可忽视的消极效应和积极效应。

基于此,虽然早期传播模式的提出者更多地关注人类的大众传播活动和人际传播活动,但是其依然适用于以组织传播作为主要传播形式的高等教育课堂教学活动,这也正是文章的出发点。结合笔者对新加坡高等教育考察的一些体会和反思,以德弗勒和罗密佐斯基的互动循环模式为基点来审视新加坡高等教育课堂教学活动作为组织传播各个环节,并观照国内高等教育课堂教学活动进行组织与实施。

二、教学内容：充分尊重反馈信息的知识技能体系

以信息传播的循环模式来审视国内高等教育课堂教学活动,教师的教育教学内容是信息传播的内容,也是教师在教学行为实施前一个重要的编码对象,其编码的重要依据或者标准便是教材、教学大纲或者人才培养方案,做到有章可循,这是目前国内高等教育课堂教学活动中教师备课环节的主要依据,其保障了教育教学活动的有序性和规范性,对于教师来说可以做到教学目标明确、重点突出。但是,课程教学大纲和人才培养方案一旦编制审核完成,在一定时期具有稳定性和不可抗力,一般需要经过3～4年一个周期再进行修订。因而,教师在对教学内容组织的过程中,更多的是对教学大纲和人才培养方案的遵循,做到了"备大纲""备教材",而严重忽视了"备学生"。总之,这种方式从一开始便没有更好地尊重作为个体、不断发展变化的学生自身的特征及其变化,特别是以实用主义为主要信息接受指向的当代大学生。

新加坡高等教育恪守办大学就是办课程的理念,充分凸显课程在大学教育教学活动的重要地位。在由谁来决定上课教什么这个问题上,以实用主义为导向的新加坡高等教育更多地关注了学生的需求。把课程作为学科、专业和职业的联结点,由院系主导,在充分协商的基础上设置课程和课程教学内容。而这里一个重要的协商对象便是即将成为课堂教学信息传播受众的学生,以此通过"内化—外化—传播"的形式完成课程任务。新加坡高等教育的课堂教学在内容设计方面有效注意学生已有的知识结构和能力,以此调整、设计教学内容。这样就确保了教学内容与学生欲知内容的基本一致性,从内容方面确保了教学行为实施的有效性(见图4-5)。

图4-5 课堂教学内容设计与学生的关系

由图4-5可以看出,新加坡这种基于学生已有知识体系的课堂教学内容设计,在组织安排上剔除了学生已知但教学大纲又圈定的内容,将更多的内容聚焦在学生欲知而未知的内容上。这样的教学内容安排在很大程度上减轻了课堂教学的负担,教学活动从内容角度的针对性明显增强,提升了课堂教学内容信息传播的有效性,减少了信息传播过程中噪声发生影响的可能性。既尊重了教学大纲的要求,又实现了针对不同知识结构学生的内容安排和设计。从而体现了教学内容和课堂设计是一个灵活的、不断变化的过程。这就决定了新加坡高等教育课堂教学内容、知识的更新率很高的现实。例如南洋理工大学医学院教学知识的更新率就达到25%。这种更新首先是创新驱动的结果,也是学生课前以及课后反馈信息作用的结果。

三、教师:知悉受者(学生)的编码者、策划者

教师在教育教学活动中,对课堂教学的设计和教学方法的选择与取舍直接影响课堂教学的质量和效果。作为传授直接经验和间接经验的教师很大程度上是一个知识信息传递的"二道贩子"。而如何有效地实现知识、技能的传承与使用,基于学生的课堂教学设计和方法选择是尤为重要的一个环节。相反,背离作为受众的学生基本情况的教学设计和方法选择很显然体现的是传统的以教师为中心的下行传播方式。这种传播行为不利于学生在教育传播活动中主体地位的形成和积极性的提升。

从新加坡高等教育教学的课堂组织来看,课程教学大纲和人才培养方案的制定具有灵活性和随机性。教师在每次开设新课程之前,需要编定符合此次教学对象信息接收偏质的课程教学实施方案。并会在共同探讨的基础上编制合理的教学方案和设计,并且将编定好的教学方案传递给即将选修这门课的学生,接受学生的响应和意见反馈,并进一步修订完善自己的教学方案设计和方法选择。这便在很大程度上体现了"因材施教"的教育思想,体现了以学生为本的课堂教学服务理念,即教育营销的思想。课程设计前,教师通过基于教学方法的信息传播完成了对反馈信息的收集与加工,进而修正自己的教学设计(见图4-6)。

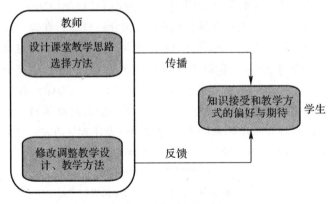

图4-6 课堂教学设计信息传播过程

教学方式和方法的选择是以追求良好的教学效果为出发点的。不难看出,新加坡高等教育课堂教学思路的设计和方法的选择更多地注重了学生的信息接收偏质。这种教学思路的设计、教学方法的选择已然经历了一个信息传播的循环模式,注重了教师和学生的互动。教师将

自己课堂设计思路和方法传递给学生,征求学生的意见和建议,然后根据学生反馈回来的信息修改自己的教学计划、调整教学方式,以达到优化教学过程、提升教学效果的目的,从而避免了"让鱼上树"现象的发生。

另外,新加坡高等教育在课堂教学进行的过程中,秉持知识的建构是一个灵活的、不断变化的过程和课程表并不是既定的教育理念。教师在课程进行中设计了诸多的、不同的互动教学环节、分组讨论环节等,并都具有相应的配套评价措施,注重了课程教学中的过程管理和过程性评估。这对于目前国内高等教育中相当大一部分课程以期末考试、考查做一次性评估来说值得反思和借鉴。诚然,这种关注过程的课堂教学设计需要以教师良好的职业素养和奉献精神作为支撑。

四、环境:基于噪声考虑的有效教学方式和方法

信息噪声是香农-韦弗信息论模式的重大创新。信息噪声是在信息传播过程中绝对存在、随时存在的一种影响因素。它不是信源主观传递的,而是附加在信号上的一切干扰因素,它会干扰信息的正常传播(见图4-7)。例如,一位老师正在上课,课堂上忽然响起手机铃声、教室外的打雷声等,影响分散了大家的注意力。于是教师为了确保信息能从信源传递到信宿,不得不重复了刚才讲过的话,那么这句被重复的内容就可能是信息噪声的一个重要体现。在高等教育课堂教学中,信息噪声的存在是客观而又不可避免的。并且具有多样性,教师讲课中的失误、课堂中智能信息接收终端——手机的使用等都会产生信息传播的噪声,影响信息从信源到信宿的流动。

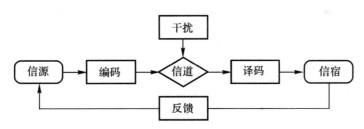

图4-7 教育信息传播过程中的噪声

在课题组所做的"关于屏幕依赖与大学生的创新能力"的在线调查中,525位国内不同年级的大学生就"如何看待使用手机和听课的关系"做出回答(见表4-1)。不难看出,一旦信息传播噪声产生,直接影响并带动其他噪声共同干扰课堂教学过程。

表4-1 大学生使用手机和听课的关系

选项	人数/人	占比/(%)
A.把手机关机或调至振动,认真听讲	195	37.14
B.边听讲边玩手机	73	13.91
C.感兴趣就听讲,不感兴趣就玩手机	257	48.95

第一,在大学课堂教学中,对于学生已知内容的第一次讲解便已经是一种噪声形式,这种

噪声不但影响信息的传播,还直接影响学生的注意力。因此,教师作为编码者在准备课程的过程中应对学生或者说是信息接受主体的知识结构、信息储备有一个基本的了解,以减少教学过程中信息传播噪声的客观发生,这也是新加坡高等教育课堂教学设计考虑的一个重要内容。

第二,自学可以很大程度地减少不必要的信息传播噪声。也就是说让学生自己动手,去获取一些简单明了而又是他们欲知而未知的信息。对于这部分简单而明了的信息,教师如果过多地阐释,同样可以产生大量的信息接受倦怠和噪声。完全可以鼓励学生通过线上学习的方式去解决,让自学成为一种常态。以此打破非正式学习和正式学习的界限。新加坡混合式的教学方式给学生提供了自我学习的空间和时间,有效防止了教师"一言堂"中大量信息噪声对课堂教学过程的干扰。从长远来看,其恰恰培养了学生终身学习的习惯。

第三,手机成为信息传播"噪声"。手机作为一种移动终端,在人类信息获取的过程中发挥着重要的作用。与此同时,手机已然成为干扰学生课堂信息接受过程和效果的重要噪声。其信息获取的便捷性在很大程度上动摇了教师在课堂上的"权威"地位。同时也会产生一些信息的噪声,影响课程信息的传递。但对于手机的使用应以引导为主,宜"疏"不宜"堵"。引导学生把手机作为自学的工具,解决一些力所能及的问题。让学生参与到教学过程中,并充分意识到手机在学习中的积极作用。

另外,新加坡的教育研究者研究了教育传播中噪声产生的诸多方面,对每一种可能产生噪声的可能性做了细致入微的研究和分析。例如关于学生学习的最佳环境温度的问题,研究人员通过研究提出18~20℃的温度最适合人学习。因此,新加坡室内学习场所的空调温度基本设置在这个区间。

综上,教育信息传播活动中,对于噪声问题的充分考虑是课堂教学效果实现的一个重要方面,特别是基于教学内容设计和客观环境所产生、又是可以避免的噪声,这自然建立在教师敬业精神和对学生的了解与信任之上。

五、学生:被注重差异的信息解读群体

在信息传播活动中,受众的差异性在很大程度上决定信息传播的质量和偏向,主要表现在作为受众的学生在信息解码过程中得到的不同理解和反应。教育教学活动是一种组织传播行为,其信息传播是有组织的,受众(学生)也是有组织的。而基于不同学生特质的教育教学内容设计和方法选择则是新加坡教育值得借鉴的地方,也就是说没有个性的诊断,就没有个性化的教学。

作为高等教育的对象、信息接收的主体——学生的多样性表现在诸多方面,例如性格差异、年龄差异、社会背景差异、知识结构差异等。当然,高等教育也不能做到充分考虑每一个学生特征,但是新加坡这种尊重学生差异的理念值得学习和借鉴。对学生做个性化的诊断,开展个性化的教学,以此提升教育教学的质量和效果。

20世纪20年代,媒介理论家将弗洛伊德学说和行为主义结合起来,形成一种新的宣传理论,即魔弹理论。这种理论把媒介对人的刺激看作是魔弹打入大脑,能迅速地被受众所接受,直接作用于受众。也有媒介理论家将媒介内容比作针筒,将这种理论称为皮下注射理论。同理,当教师对学生的差异性有比较明确的认知和把握的时候,就会做出有针对性的教学内容设计和教学方法选择,达到所谓的皮下注射的目的,让学生在课堂上感到"不舒服",进而教学内容就会有效被学生所接受,这大概是新加坡高等教育注重学生差异性的根本旨归所在。

另外,这种有针对性的教育教学活动会使学生感到"不舒服",因为学生在参与整个教学活动和信息传播的过程中,思维活动频繁,由此带来的便是良好的教学效果。反之,一个让学生感到"舒服"、毫无反应的教学过程显然没有引起作为受众的学生的足够注意和重视,其教学效果也是要打折扣的。

六、反馈:反思教学行为的直接有效信息

对传播效果的反馈是传播的循环模式与直线型传播模式的主要区别。信息反馈对于更好地开展传播活动提供了反思的依据。这也就是文章之所以认为教育教学活动是一种信息传播的双向循环模式的主要因素。

新加坡的高等教育课堂教学活动对学生反馈信息的重视是显而易见的。学生可以通过线上、线下各种形式进行教学信息反馈,帮助老师改进教学设计、改变教学方法。这是以学生为中心理念的鲜明体现。

为了确保学生反馈行为的正常发生,教师必须明确自己在教学活动中的地位,即学习活动"服务者"的角色。并且把教育信息传播活动明确为组织传播中的横向传播,而并非上行传播或者是下行传播。横向传播的目的是为了相互之间的协调和配合。在横向传播中,传播双方不具有上下级隶属关系,平等的协商与联络是传播的主要形式。横向传播是否活跃,对教育教学活动中有关教学方式和方法反馈信息的收集就显得尤为重要。

诚然,除了基于学生课堂信息接受体验反馈之外,作为教师自我的反思总结也显得尤为重要,这则是一个人内传播的过程。

七、课堂:开放双向的信息传播渠道

课堂是教学设计和方法付诸实践的场所,是教学信息传播和反馈的主要方式。教师对课堂的理解直接关系到其在课堂中的角色和地位。在教育教学中,把课堂看作一个孤立、封闭、机械运转的实体,很少把课堂放在整个教育系统中去考虑,更没有把课堂放在教育者和受教育者的整个人生中去思考。教师关注课堂教学的秩序和传播具有确定性的信息,这样的教师,事实上将自己置于课堂教学的主体地位,学生处于被动的"被灌输"地位,课堂的生命力和活力也就消解了。

开放、包容、联系、多样的课堂既能提高存量信息的传播效率,还能通过有效的"刺激—反应"产生大量的增量信息。教师根据传授的知识和信息的特征、学生的具体情况创设必要的情境,给学生提供课内实践和思考创新的机会,让学生在具体的环境中进行实践体悟,实现在组织传播过程中的人内传播,以达到教学效果的最优化。

为了进一步激活组织内部成员的活跃性,调动学生学习的主动性和积极性,新加坡高等教育课堂教学活动常采用分组教学的方法。这种方式有益于消解知识标准化思维,同时也在改变学生唯书、唯课堂、唯教师的固定思维模式,有利于学生创新能力的培养与提升,有益于学生发散思维和批判性思维的形成。其奉行的便是"让学生自己动手,效果是最好的"的教育和育人理念。

小组讨论是改革课堂教学模式的一种体现,大概占到新加坡课堂教学的30%左右。这样一种教学模式从传授知识和技能信息的角度来看,有利于从"获取知识型"的教学模式向"理解型"教学模式的转换。"理解"的教学模式认为现有的知识不是目的,只是教学的基础,真正的

目的是通过对知识的分析,探究知识生成的背景,了解知识存在的边界和空白。

综观新加坡的高等教育,教师是贯穿于信息传播活动始终的"服务者",是一个角色丛。教师既是教学行为的设计者、实施者,也是教学活动中信息传播的动态监测者、噪声的控制者,同时也是反馈信息的收集者以及整个教学活动的反思者。而这一切行为的顺利完成正是基于教师的职业精神和管理者的远见卓识以及对新事物的敏感与包容。当然,以教师为中心的教学和以学生为中心的教学不是对立和矛盾的。因为认知的过程是有规律的,学生只有在掌握了基本知识和技能后,才能进行新知识和技能的创造和构建,故而知识的传授仍然是大学教学的重要组成部分,只有把两种教学范式结合起来,根据不同的教学目的采用不同的教学法才是合理的。课堂教学的实施亦受到社会经济政治环境和文化环境、教育体制的影响和制约,需要有区别地予以审视和借鉴。

4.2 课内实践:"课前十分钟"

新闻传播类专业教学主要包括理论教学与实践教学两个重要部分。理论教学可以使学生了解学科的系统知识和框架体系,发散学生的思维。传统的大学教育比较注重学术的自由,鼓励学术创新,所以理论教学一直是新闻传播高等教育的重点。新闻传播学作为一门实践性很强的应用型学科,不仅需要理论教学更要注重实践教学,二者是相辅相成、相互联系的。理论教学可以为实践教学提供必要的指导,对实践遇到的相关问题和现象进行解释和说明,而实践教学可以加深对理论教学的认识和理解,并且检验理论教学存在的问题,为理论创新积累一定的实践经验。随着新媒体的兴起,媒介融合趋势越来越明显,对新闻传播类人才素质和能力结构的要求也发生了重大变化。教学更应注重实践教学,从而实现理论教学与实践教学二者的有机结合,培养出适应时代发展要求的传媒人才。

随着媒介技术的发展与演进,新闻传播类专业教学理念与实践都发生了较大的变化,旧的新闻传播教育理念与新的传媒实践产生了较大脱节和不适应。这一章以延安大学"新闻采访与写作"课程和"课前十分钟"教学环节十余年的实施效果实证调查为基础,探讨目前新闻传播类专业实践教学存在的问题与对策,期冀为新闻传播教育课堂教学的改革与发展提供一些可供借鉴的经验和做法。

"课前十分钟"是延安大学新闻传播类专业"新闻采访与写作"课程探索设立的一个实践教学环节。为了更好地对这种实践方式的教学效果进行调查,课题组对已选课学生进行了问卷跟踪调查。该项调查采用统一问卷,有现场填写和网络填写两种方式。调查对象包括大二、大三、大四以及已经毕业的学生,其中女生占77.72%,男生占22.28%。调查对象的年级构成和性别构成如图4-8和图4-9所示。

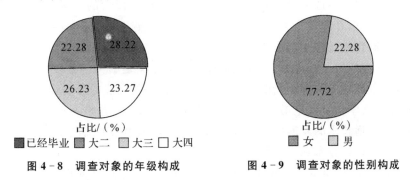

图4-8 调查对象的年级构成　　图4-9 调查对象的性别构成

一、"课前十分钟"实施的专业教育背景

(一)新闻传播类专业教育课堂教学存在的问题

首先,重视理论教育轻视实践训练。新闻传播学是一个实践性很强的专业领域,需要在实践中不断与课堂所学理论进行有效结合,才能推动学生学以致用,适应市场需求。中国古代哲学家认为,不仅要认识("知"),还应当实践("行"),只有把"知"和"行"统一起来才能称得上

"善"。但是在新闻传播类人才培养实践中一直存在的问题就是课程设置体现不出时代特色,个别教材长时间没有修订,一些新的新闻学术观点长期得不到认可和教育传播,新闻理论研究存在相当程度的滞后性,新闻教学内容在一定程度上脱离新闻实践。目前我国新闻传播教育也不同程度存在这样的问题,理论课程设置比重较大,实践教学环节得不到有效保证。而在学生实习、参加社会锻炼等实训课程方面不仅在质上难以达标,而且在量上无法满足学生的实践需求。

课题组在关于目前新闻传播类专业教育存在主要问题的调查中,发现60.40%的学生认为理论教学多,实践环节严重不足(见表4-2)。轻视实践教学,这对一门注重实践操作的学科来讲无异于纸上谈兵。因此,理论学习严重脱离实践操作的情况不容忽视,特别是在本科人才培养过程中。

表4-2 新闻传播类专业教育课堂教学存在的主要问题

选项	人数/人	占比/(%)
A.理论教学多,实践环节严重不足	122	60.40
B.与传媒业实际脱节	32	15.84
C.学生普遍眼高手低,动手能力差	19	9.40
D.学生缺乏新闻策划和媒介创意	27	13.37
E.其他	2	0.99

其次,教学设备无法满足现代新闻传播实践。对于现代社会来讲,媒介技术的发展可以说是日新月异技术,技术更新的相对时间越来越短。然而由于目前一些学校、特别是地方高教的新闻传播类专业办学条件相对落后,设备更新不及时,培养出来的学生相对于现代新闻传播实践来说出现了一定的不适应,特别是在经济社会发展相对落后的地区。信息爆炸是现代社会的一个显著特点,信息的传播方式和渠道多种多样,而专业本身对一些采编设备的要求比较高,学生采编、制作的过程中都需要相应的配套设施。

然而,一些学校出于种种原因,在硬件建设上无法满足新闻传播类专业要求。一方面,学校没有这些设备或者无法满足量的需求,学生无法很好地完成专业实践,无法与理论教学很好地对接,势必使得学生坐而论道、知行分离。另外一方面,即使有一定的设备,若不及时更新,也无法与社会传播技术的发展接轨。因此出现高校培养出来的新闻专业学生在毕业以后难以很快适应媒体工作的技术和设备环境。

再次,"双师型"师资薄弱。何谓"双师型"?即既有一定的新闻理论学术修养,又有媒体从业经验的教师。相对来讲,专业教师大都在学术方面有所造诣而在媒体技术运作方面有所欠缺。目前新闻传播高等教育师资队伍中具有业界经历的教师较少,多数没有实践经验。而且随着近年来媒介技术的发展,媒介融合的趋势越来越明显,跨学科与专业的融合出现了一些新的教育问题,教师的知识面受到新挑战。因此高校新闻传播专业教师的知识与能力结构,难以应对媒体转型语境下的实际挑战。对于这种情况学校应当多聘请媒体行业中业绩突出的新闻工作者走进课堂,与学生面对面交流与沟通。这样一来学生就能更好地了解专业特点与业界最新动态。比如每年上海和广州一些高校举办的业界精英系列知识讲座,邀请业界的传媒精英与大家进行交流,使得许多参与学生获益匪浅。而目前许多高校在专门聘请业界精英进校园与学生交流等方面重视程度显然不够。

(二)大众传媒发展的趋势

大众传媒随着时代的发展而变迁演进,不同种类的媒介慢慢开始放弃单一的自主发展,从而积极与其他不同类型的媒介融合发展,形成媒介融合的态势。喻国明教授在《传媒经济学》中指出,媒介融合是指报刊、广播电视、互联网所依赖的技术越来越趋同,各种信息在同一个平台上得到了整合,不同形式的媒介彼此之间的互换性与互联性得到了加强,媒介一体化的趋势日趋明显。例如,现在越来越多的纸媒运营都开始利用微信、微博等公众平台向大众开展一次采集、多次生成的融合传播。

(三)专业学生的素质缺口

1. 对专业发展的不确定

有学者对学生做过一项"新闻职业未来选择忠诚度"情况调查。调查结果显示,在刚进入大学的时候,新闻专业学生对新闻传播类专业具有浓厚的学习兴趣,对未来新闻专业就业有很高的期望值。毕竟在他们看来,新闻职业有着耀眼的光环,较高的社会关注度。但是随着时间的推移,对新闻现实环境各种现象的深入了解,逐渐发现新闻传播行业存在的阶段性问题,理想与现实存在巨大落差,使他们心理产生了强烈的挫折感和迷惘感,专业归属感降低。他们不知道如何面对未来的新闻现实,不知道如何解决理想和现实的矛盾,更不知道就业规划如何进行。

2. 新闻专业学生不能完全适应媒体的需要

当下,很多学生眼高手低,专业知识掌握不够扎实,采编能力不足,无法完成较好的文稿,对新媒体的许多运营不够了解,实际操作能力不强,理论学习不能很好地运用到实际中。传统的新闻传播教育比较注重理论教学而轻实践训练,随着信息时代的快速发展,媒体融合的趋势越来越明显,加之教学设备更新不及时,"双师型"师资薄弱,学生在面对新媒体的飞速发展时感到力不从心,自身的素质具有一定的欠缺与不足,无法做到与"媒"俱进,都成为亟须解决的问题。

二、"课前十分钟"实施的动机与方法

(一)目的与动机

1. 增设课堂实践教学环节

针对目前高校新闻传播教育存在的问题,充分考虑到现实的可行性,延安大学新闻传播类专业"新闻采访与写作"课程从2009年开始增设"课前十分钟"这一课内实践教学环节。其主观目的在于增加实训课的比重,注重理论与实践的结合,同时促进教学设备与时俱进的更新,进而培养"双师型"的师资力量。这虽然不能彻底地解决新闻专业人才培养的实践瓶颈,但也可以有效地解决部分问题,是开展新闻传播类专业教育改革的尝试,推动新闻传播类专业建设更加趋于科学、合理、现实,从而满足媒体对新闻人才的需求,提升高教服务社会的能力。

在关于"'课前十分钟'开设目的"的调查中,23.27%的大学生认为这样一个环节可以弥补新闻传播教育实践不足的缺陷,28.71%的大学生认为可以丰富课堂教学手段,48.02%的大学

生认为可以培养学生的专业兴趣,提升课堂教学效果。可见,学生普遍对这样一个教学环节表示认可并积极参与(见表4-3)。

表4-3 关于"课前十分钟"开设目的的调查结果

选项	人数/人	占比/(%)
A.有效弥补当下新闻传播教育的不足	47	23.27
B.丰富课堂教学手段	58	28.71
C.培养学生的专业兴趣,提升课堂教学成果	97	48.02

2. 应对媒介融合的新挑战

媒介融合背景下新闻工作者应该由事实的告知者转换为所报道领域的专家与解释者;编辑应该由新闻作品的编码者转换为知识的管理者。另外,在技术上要培养全媒体业务技能的新闻人才。"课前十分钟"需要学生运用所学,到实际社会生活生产中进行采访和写作。因此这个环节不仅可以锻炼学生的采编能力,还能很好地培养学生的摄影摄像、后期制作等技术能力。同时让学生在自己的实践训练中更加了解新闻传播类专业的特点,从而对未来的就业有一定的规划,做到不慌、不忙、不迷惘,最终增强专业认同。

(二)实施的方法与步骤

1. 分组

在课程开始之前,先对全班所有选课同学进行分组。分组采取自愿组合的方式,每组2~3人,将全班同学分成若干组,然后以抽签的方式确定汇报顺序。分组目的是对学生的团队合作精神进行训练。而媒体中优秀的新闻作品的产生也必然是团队努力的结果。

2. 策划

选题采取自愿选择的原则,在保障学生自身安全的情况下可以在校园内外自主选择主题,充分培养学生学习的能动性、政治敏感和新闻敏感,及时发现日常生活中最普通的事,并从中提炼,以小故事反映大主题,锻炼同学们的策划意识及其新闻嗅觉,进而选择出比较理想的主题。美国报人普利策早就指出:"新闻记者是什么人?假使国家是一艘船,新闻记者就是站在船桥上的瞭望者。他要注意来往的船只,注视地平线上出现的值得注意的小事。"选题这个阶段考验学生的策划能力,也是适应策划传媒时代对具备创新策划能力新闻人才的需求。

3. 采访

确定选题以后的采访工作不是一蹴而就的,需要不断积累材料以备候选。选题的确定并不意味着采访活动的顺利。要使采访得以顺利进行,除了上面的选题策划外,还必须精心做好采访准备。提前拟定采访计划和调查纲目,即大概需要采访的对象及先后顺序,还有需要提问的大纲细目。然后按照拟定的计划和大纲执行。当然在这个过程中可能会遇到一系列问题,比如采访对象不愿意接受采访,提问方式可能让采访对象感觉不适,预约采访对象较困难等。这就需要较好的心理素质和应变能力,以便创造良好的采访条件,顺利完成采访任务,达到理想的采访效果。这个过程考验的是学生的实践能力、社交能力,也是模拟新闻媒体的采访环节。

4. 写作

采访完成后对素材进行加工整理,去粗取精,去伪存真,将合理的留下,舍弃与主题无关的素材,进而从中提炼新闻主题。然后按照新闻写作的要素,开始对文稿进行创作,务必达到准确、通俗、简洁。毋庸置疑,这个阶段检验的是学生的文稿写作能力,优秀新闻作品与作者良好的写作能力密不可分。

5. 制作

写作完成后开始制作音频和视频。将所采访到的视频、音频和写好的新闻稿进行有机结合,达到二者完美的对接。流畅的视频对受众才具有吸引力,制作需要专业的软件和熟练的技术。在此过程中,学生需认真学习、独立探索以达到完成任务需要的能力要求。制作阶段考验的是学生对新事物的学习能力和技术应用能力。

6. 汇报

汇报活动一般一学期进行两次,第一次的汇报穿插在课程讲授中间,在开课前尽量用十分钟的时间完成作品的展播;第二次考虑到时间的关系统一放在期末,所有小组集中进行汇报。展播结束后先由学生进行点评,这个环节尽量指出作品存在的问题,当然也得提出值得学习的优点与亮点,然后由教师进行补充说明,完成总结。第一次的作品存在的问题在第二次的作品中要注意纠正和避免,第一次就展现出来的亮点应该继续保持。

7. 考评

这是"课前十分钟"最后的一个环节,汇报完成后会对同学们的作品进行综合考评,并赋分。"课前十分钟"有效地弥补了实践教学环节走形式、不走心的不足,将其纳入课程成绩,旨在引起学生的重视,督促其认真对待,并用心完成实训操作。

审视媒介融合的大趋势,思考新闻传播教育存在问题的解决对策,"课前十分钟"开设的主观目的与学生反馈的客观效果实现了较好结合,同时在实施过程中对每个环节都进行了相对严格的把关,建立了比较完整的考核体系,从而使得该教学环节的教学效果最大化,也是全过程育人的一种实现路径。

三、"课前十分钟"实施的效果与意义

(一)实现了教学形式和内容的多样化

1. 教学形式多样化

媒介融合的迅速发展对新闻传播教育提出了更全面、更高的要求,这就意味着新闻传播教育不仅要在教学内容、教学理念上做出调整,还要在教学手段上紧跟时代,与时俱进。传统的教学方式基本上是以教师为主体,采取"满堂灌"的方式对学生进行讲授。这种方式有两个弊端,一是这种"教师讲,学生记",把空洞理论直接传授给学生的教学方法往往令学生觉得枯燥乏味,无法引起他们的兴趣,导致课堂气氛沉闷,不利于达到理想的教学效果;二是教师也会因为教学效果的不理想,对于自己的教学活动产生困惑与懈怠,从而影响新闻传播类人才的培养质量。"课前十分钟"这样一种实践教学方式就是对传统教学方式很好的补充,丰富了教学手段和形式,提高了学生的参与度。

2. 教学形式多样化

教学内容上,教师的选择范围不再局限于课本,而是鼓励学生走出课堂、走出校园,去完成采编流程,学生采集回来的信息以及他们的作品就成了很好的教学案例和素材,既贴近学生,又生动活泼,而且教师可以以此为依据发现书本内容教学的不足并做出一定的改进。"课前十分钟"改变了单一的课本教学,进一步丰富了教学内容,推动教学形式多样化。

(二)增强了学生的实践能力

1. 提升专业能力

"纸上得来终觉浅,绝知此事要躬行"。"课前十分钟"这样的实训方式可以加深对理论的理解和认识,检验学生的理论运用能力,全方位提升学生的专业能力,达到理论与实践的迅速有效结合。

课题组调查了解到通过"课前十分钟"环节训练,68.81%的大学生认为新闻敏感和选题策划能力得到了提升,69.80%的大学生认为自己的采访能力得到了加强,73.27%的大学生表示音视频制作能力有所提高,24.75%的大学生表示写作能力和表达能力也得到了一定的提升(见表4-4)。

表4-4 "课前十分钟"提升或改变大学生的能力

选项	人数/人	占比/(%)
A. 新闻敏感,选题策划能力	139	68.81
B. 采访能力	141	69.80
C. 音视频制作能力	148	73.27
D. 写作能力	50	24.75

2. 培养专业兴趣

在传统的教学模式中,教师在其中占有重要的地位,是绝对的主角。教师在讲台讲,学生在下面记,学生在教学活动中的参与度受到很大限制。因此需要积极转变这种传统的教学模式,让学生和教师积极互动,学生是教学活动的主体和核心,学生不再是被动地学习,而是充分发挥自己的主动性和创造性,通过实践方式去学习,充分调动学生的学习热情和积极性,不再觉得新闻课程空洞无味,通过提升课堂黏性,从而培养、激发专业兴趣。

(三)提升了专业教育的质量

1. 推动课程设置进一步合理

以延安大学为例,新闻学专业设立之初,课程主要基于新闻专业的经典教材开设,比如《新闻采访与写作》《新闻学》《报纸编辑学》等。随着实训课的开展,学生接触到越来越多的新事物,对新闻的理解更深刻。最直接的就是学生学会使用采访设备、掌握制作技术等,间接的结果就是学生对这方面知识的渴求与需要进一步增强,促使学校相应地增设一些实训课程。

2. 推动教学设备持续更新

制作新闻采访视频离不开一定的设备支持。"课前十分钟"开展后,学生对设备更新的要求越来越高,学校因此也越来越重视新闻传播专业学生的设备需求。延安大学经过长时间的努力,建立了新闻专业实验室,配备了先进媒介设备,可以说"课前十分钟"促进了这方面政策资金的投入,使得学生有了更好的学习条件,形成了良性循环。

综上所述,"课前十分钟"这样一种实训教学模式,加深了学生、教师对新闻传播类专业的理解和认识,是新闻传播教育改革的一次尝试。

四、"课前十分钟"存在的问题与对策

(一)实施过程存在的问题

1. 选题质量不高

一是选题缺乏科学合理性。主题是贯穿新闻的主导思想,是决定新闻作品的思想意义和指导作用的根本因素。"文章成败在于立意",如果没有良好的选题,那么就不会有很好的思想表达。同学们在实训课的选题上大多都表示选题的过程很艰难,有些是生活琐事,有些则是缺乏现实操作性,总的来说学生在这个问题上存在着诸多困惑,不知道如何选择适合自己的选题。

二是选题范围存在局限性。选题的多样性可以影响采编方式,节目形式也可以多样化。"课前十分钟"在实施之初,考虑到现实的可能以及学生的人身安全,明确规定选题只限于校园,比如学生的日常生活,反映学生的一些现实需求等。但随着几届学生的不断实践,越来越多的学生感觉到校园主题的反复性和局限性,学生难以在主题确定方面进行创新,而且能力锻炼方面也受限。

2. 节目制作水平有待提高

视频的制作和剪辑是一项技术性很强的工作,没有技术的支持,很难制作出比较好的反映主题思想作品。而学校目前在新闻学课程设置方面缺乏关于制作技术的教学内容和课程,并且具有明显的滞后性,学生在这方面存在很大缺陷,他们在制作采访视频的时候只能靠自己不断地摸索,尽力地做到完美。在这个过程中学生明显感到力不从心,制作出来的成品也存在一定的瑕疵,比如画面不清晰,剪辑不是很流畅,因此强化相关技术课程的教学和效果监控是很有必要的。

3. 准备时间不充足

"凡事预则立,不预则废",时间准备不足,就会使得实施过程中的每个环节都会相对不严谨,从而产生一系列的连锁反应,作品会出现一定的瑕疵。

课题组调查显示,参与学生在完成"课前十分钟"过程中,出现采访准备做不好、找不到好的选题、音视频制作水平较低、文稿写作难度大等问题(见图4-10)。由此可见,准备时间充分与否直接关系到作品的质量。

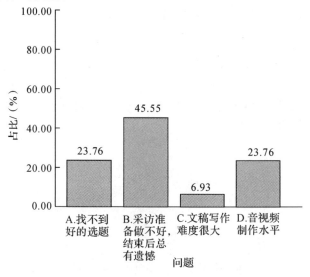

图4-10 学生完成"课前十分钟"过程中遇到的问题

(二)解决问题的措施

1. 召开选题会

在采访拍摄开始之前以讨论的形式进行选题报备,以供教师参考指导,学生参与讨论。学生的想法与教师交流过程中,教师也运用自己的教学经验和知识对学生的想法进行修正,使得选题选择趋向于合理、科学,具有实际指导意义。

2. 适当扩大选题范围

选题范围可以适当地走出校园,走进现实社会生活。首先校园外可采写的话题更多,其次通过对过去历届学生的不断试验积累了一定的经验,最后还能锻炼学生的实践能力。

3. 及时更新教学设备

力求在质量和数量上完善教学条件,满足学生要求。创建教学实验室,使得学生的业务技能和实践能力越来越强,与媒体实际业务运作对接越来越融洽。

4. 完善课程设置

传统的课程设置偏向于理论教学,新媒体的发展对传统的教育提出了新的要求和挑战。课题组应持续调查并深入研究与学科专业发展及社会需求相配合的教学结合点,对课程设置进行科学调整,使教学内容注重与新闻实践的结合。比如增设强化最新设备操作使用的教学课程,音频视频制作剪辑的技术指导,与媒介前沿动态相关的课程。

5. 分组趋向合理

从原来的两个人一组变为多个人,学生在制作过程中,就可以分工更加明确,集思广益。同时考虑每学期两期节目制作改为一期,给予学生最大的自由和充分的时间去准备,转变单一的节目形式,不再仅仅局限于记者采访报道,而是可以做一些访谈类报道、娱乐化报道等,从而提高节目质量,争取做出精品。

需要指出的是,教学过程一定要注意教学反馈。"课前十分钟"在实施过程中存在着选题随意、节目制作水平较低等一系列问题,针对这些问题课题组开展了相关的问卷调查,充分调动学生的积极性,集思广益,提出相对应的改进措施。确保"课前十分钟"在实践中不断改进完善,教学效果不断提高,为教育教学提供可资借鉴的做法。

五、基于"课前十分钟"的新闻专业教育启示

(一)适当增加实训课的比重

在关于新闻传播类专业学生对"课前十分钟"这一个教学环节的态度调查中,63.86%的学生表示满意,15.84%的学生表示非常满意,不满意的仅占了0.50%,由此说明类似的实训教学方式在学生之间很受欢迎(见图4-11)。其中81.68%的学生支持进一步扩大"课前十分钟"在课程中的比重(见图4-12)。

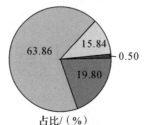

图4-11 学生对"课前十分钟"的态度

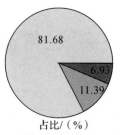

图4-12 学生对进一步扩大"课前十分钟"在课程中的比重的态度

实训实践环节方式多种多样,比如案例教学、情景模拟、实验等方法,通过实地训练来培养学生的新闻敏感与采写能力;通过现场的播音与主持训练来培养学生的现场掌控能力和播音主持技巧;通过报刊、网页与视音频编辑训练来培养学生的问题意识及质疑思维;通过实地摄影训练来培养学生的新闻发现力和判断力。

(二)提供良好的实训平台

近年来,许多高校与媒体共建新闻学院。比如说人民日报社与清华大学、新华社与北京大学、光明日报社与中国政法大学等纷纷共建新闻学院。这种模式为新闻学院发展和实践教学创新提供了新的路径,也取得了良好的效果,积累了不少经验。

第一,发挥各自长处,优势互补。从之前媒体与高校共建新闻学院的经验来看,媒体从业人员具有业务能力强的实践操作优势;而高等院校历史悠久、科研积累和学术背景相对深厚,二者强强联合,发挥各自长处,优势互补,共同打造新闻人才的核心竞争力。在合作模式上,实施编辑记者与教师双向交流挂职,让媒体骨干走进课堂,将新鲜内容和实践经验悉心传授;让教师走进新闻"前线",在"实战"中获得教学和科研的灵感,共同打造教学、科研和实践的"生力军"。

第二,资源共享,协调创新。共建的过程,实际上是发挥各自优势、开展互利合作、实现效益最大化的过程。因此,共建的重点就应放在用好用活各自优势上,推动记者编辑进课堂、教师学生进媒体,为新闻传播教育实践教学拓展了空间。

(三)理论教学与实践相结合

理论的具体化讲究的是理论学习的方法和策略,也就是在教学过程中要为了学而设计教。实践是检验真理的唯一标准,理论毕竟是抽象化的认识,要想真正掌握理论的精髓,吃透其本质,必须化抽象为具体,在实际生活中进行具体实践。如此抽象与具体相结合,感性认识上升到理性认识,让学生在理论学习中升华,在实践锻炼中提高,不断创新,不断适应新媒体环境的各种变化。

在媒介融合大趋势中,高校新闻传播教育应当重新审视新媒体环境下教育方式和教育理念转变的重大机遇和挑战,以一种新的突破传统教育的眼光改革课程设置及人才培养观念,坚持"学以致用",力避教育与实践需求的脱节,适应新媒体环境带来的各种挑战。"课前十分钟"作为一个新的教学环节,改革才刚刚起步,教学效果初步显现。在新闻传播教育的实践中应继续探索前进,汲取实施过程中比较突出、有价值的举措,系统性地发现存在的问题与漏洞,及时改进与完善,不断创新。

4.3 课外实践:常态化实习

新闻传播类专业是实践性特点明显的学科专业,专业实践、实习是专业教育的重要环节,旨在将课堂理论学习与专业实践紧密结合,帮助学生认清不足,以制定科学的个人专业发展方案。本节根据新闻传播类专业特点、教育现状及当前媒介发展现实,阐述学生常态化实习提出的背景及其必要性、可行性。

"常态"一词在不同领域中的概念有所不同,在实践教育常态化的研究中,其应属于管理学范畴。在管理学领域中,"常态"一词等同于"常规",相对于非常规而言,它是指一个组织或部门为维持正常的工作秩序而制定的管理制度和采取的管理措施。"常态化"中"化"作为词尾,表示转变成某种性质或状态。因此"常态化"可定义为将非常规"不普遍"机动的事物或状态转变成为正常"普遍"长期的状态。

实习,就是把学到的理论知识迁移实际工作中去应用,以锻炼工作能力。实习的作用:一是验证自己的职业选择,新闻传播类专业学生通过尽早实习,能够了解自己所学的专业;二是了解目标工作的内容和性质,新闻传播类专业学生通过实习,能够知晓新闻的采、录、编、播全过程和新闻工作的性质以及特点;三是找到自身与职业要求的差距,包括要明确自己与岗位的差距以及自己与职业理想的差距,并在实习结束后制定详细可行的补短计划。

常态化实习即将实习作为专业学习过程中一种普遍的、长期的、持续的状态。高校新闻院系必须清楚认识实践教学环节的重要性与必要性,把实践教学和理论教学很好地结合起来,在按照人才培养方式做好实习工作之外,提供一切可能帮助学生进行常态化实习。当然,这就要求新闻传播类专业学生应变被动为主动,积极主动进行专业实习,并且将实习作为一种持续不间断的课外学习状态。

一、新闻传播类专业学生常态化实习提出的背景

(一)新闻传播类专业教育的现状

高校新闻传播类专业是当代培养新闻人才的重要阵地。高校在制定人才培养方案时,要充分考虑到市场和媒体的因素,媒体真正需要的是熟练掌握采访、写作、摄影、编排综合能力的"全媒体"高素质、业务技能人才。实践可以提高学生的认识,巩固理论知识,发现理论与现实之间的差距,分析其原因并找到其正确的解决方法,积累实践经验。而当下虽然高校新闻传播教育发展得非常快,新闻院校数量不断增多,但是业界人士和一些新闻媒体却不认可新闻传播教育,而且在媒体从业的新闻传播类专业毕业生比例并不高,当前高校新闻传播教育这一尴尬局面的原因是多方面的。

1. 新闻传播教育与媒体需求有所脱节

新闻传播教育忽视实践能力、重视理论课程教授的问题一直不同程度存在。业界希望大学强化业务教学,这样学生能在工作中快速适应;而学界则倾向于对学生进行新闻传播理论素质教育,不自觉忽视新闻实践的训练。这样就导致了新闻传播类专业毕业生不被媒体看好。有一些媒体不认可当前的新闻传播教育,个别媒体甚至不录用新闻传播类专业的毕业生,认为其与其他专业毕业生并没有太大的区别,以至于一个其他专业的毕业生不需要通过很长时间的专业训练就可以成为一名合格的新闻工作者。在一项针对8省、市12所高校及对应地区媒

体从业人员进行的"高校新闻传播教育与媒体接轨状况调查"中,有72.4%的媒体从业人员认为,现在新闻传播类专业毕业的学生不能满足媒体的需求。教师、学生、媒体从业人员均有2/3以上的人认为大学的新闻传播教育与媒体需求脱节。

2. 高校新闻传播类专业实习的机制不健全不科学

目前不少高校新闻传播类专业的传统实践教学一般分为课程实践、专业见习和毕业实习,通常专业见习安排在第六学期,毕业实习安排在第七学期。这样的实践教学模式有其合理性,但随着媒介发展演进,传播内容更新越来越快,暴露出新闻传播类专业实习的一些新问题。

(1)对新闻传播类专业实习重要性认识不足

多数高校在新闻传播类专业实习过程中,仅将实习管理工作笼统地归于学院本科生教学管理工作当中。而且,新闻传播类专业实习往往被安排在培养方案的末尾环节,有的仅包含对实习地点、实习时间浅层次的工作安排,而实习的具体内容、实习指导、实习发稿量、实习效果评价这些带有实质性内容的计划却难以跟踪保证。另外,即使部分院系制定新闻传播类专业实习的指导性文件也没有从教学实际出发,指导性文件的科学性和针对性值得商榷。

(2)专业实习体系不完善,实习时间、实习指导及实习评价不科学、不严谨

绝大多数院校的专业实习时间依然安排在第七学期,学生既要完成专业实习任务,又要准备研究生入学考试和公务员考试,或者忙于就业;而实习单位也面临实习生过于集中不好管理,实习机会大大减少、实习安排或分配随机、媒体指导教师疲于应付的局面,这都必然影响专业实习的实际效果,使新闻传播类专业实习的质量难以保证。

课题组抽取了部分学校的新闻传播类专业学生作为样本,对学生常态化实习情况进行调查。结果显示,57%的大学生认为新闻传播类专业实习安排在第七学期不合理(见图4-13)。

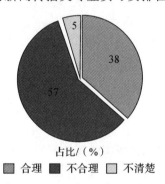

图4-13 新闻传播类专业学生对专业实习安排在大四进行的看法

许多新闻院系没有设立实质性的组织,专门负责专业实习过程中的指导监控工作。有的学院仅指定一位教师兼职全院的实习指导;有的学院名义上按规定每四位学生安排一位指导教师,负责全程跟踪实习过程和效果,协助学生顺利完成实习任务,但实际上由于学校没有制定相关政策,教师们的工作得不到实质性的承认,教师参与的积极性不高,导致实习指导效果欠佳。

还有,多数院校没有建立科学的实习成果评价体系,学生的实习成绩大多由指定的教师根据学生实习成果、实习小结和媒体签发的实习鉴定评定分数,受主观因素的影响较大,评价随意欠科学。

3. 重理论轻实践的传统教育理念仍然存在

截至目前,许多高校仍然存在着重理论轻实践的传统理念,认为学校主要应教给学生理论

知识。普遍缺乏对学生媒体实践能力的培养会直接影响学生的实践能力,高校新闻传播类专业师资通常由高校新闻传播类专业毕业的研究生组成,或由文科专业转行而来,这部分教师理论功底较为扎实,但明显缺乏实践经验。

我国大多数新闻院校大都采用课堂教学形式,传授理论知识,缺乏动手实践的意识和条件。由于没有媒体从业经验,一些青年教师在实践性课程的讲授上往往是蜻蜓点水一带而过,不够深入,上课偏重的是理论知识,甚至无法回应解决学生实习中一些重要的问题,这样导致新闻传播类专业毕业的学生存在不精通采、写、编、评、摄等具体业务的实际情况。

与此截然相反的是,新闻传播类专业学生普遍认为专业实习是重要的(见图4-14)。然而截至目前,国内尚没有大学新闻院系所办的媒体真正变成社会化媒体。

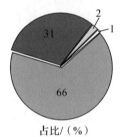

图4-14 新闻传播类专业学生对专业实习现状的认识

一项调查显示,在美国的新闻传播类专业学院里,只有17%的教授没有当过记者。在专业实践上,美国高校与媒体有着频繁的交流合作,并且大部分学校都办有社会化的校园媒体,一般由专业教师或专职媒体人员担任负责人,这样能使学生获得与社会媒体几乎同样的实践环境,从而最大限度地发挥校园媒体作为锤炼学生专业技能的平台作用。我国高校应重视实践教学环节和业务技能的培养,将新闻传播类专业实习作为教学的一个重要组成部分。同时高校必须重视校园媒体建设,充分发挥校园媒体的育人作用,使学生将课堂知识与实践相结合,提高学生的专业技能水平。

4. 办学条件不足,可利用的资源少

由于新闻传播类专业的特殊性,新闻实践教学需要大量的资金。长期以来,新闻传播类专业一直都被当成普通的文科专业来建设,没有得到足够的办学资金投入。办学经费来源比较单一,资金投入的不足已严重地影响了教学设施的现代化、信息化进程。新闻的采、编、播、录必须投入大量的资金,采购设备,建设实验室,然而绝大多数高校教学仪器设备、图书资料非常紧缺,教学用房、实验用房严重"超负荷"运转,"重装备、高消耗"的特点使得办学经费有限的非重点院校难以承担,最终导致实践教学的滞后。部分地方高校新闻传播类专业由于种种原因甚至根本没有专门实践教学设备,与外界媒体互动缺乏,学生实践的机会明显较少。

(二)媒介发展的现实要求

1. 媒介种类不断增加

长期以来,报纸、广播、电视三足鼎立。随着互联网、电子信息技术,特别是数字技术的发展,媒介种类不断增多。

新媒介频频出现在受众的视野中,电视、互联网、手机等媒介也进入了平常人的家庭中。移动新媒体已成为社会的主流,公众利用碎片化的时间,在地铁上、公交车上浏览零碎的信息,公众的交往不再局限于书信、电话，QQ、微信、微博扩大了公众的交际范围，密切了亲戚朋友之间的联系。不仅满足了用户对海量即时信息的需求，还满足了个人个性化应用的需求。

2. 媒介内容更新速度加快

在媒介融合的背景下，媒介内容的更新速度也越来越快，新旧媒体扮演着各自的角色。新媒体利用电子信息技术、多媒体技术将最新的新闻动态、消息传递到世界各处，特别是重大新闻的报道或突发事件的报道，用户随时随地联网或者用移动数据就可浏览到海量的信息，及时进行反馈或回复，加强了与世界的联系，突破了时间和空间的限制。传统媒体一方面加强与新媒体的合作，积极扩展自己的板块，开办网络电子版网站；另一方面则继续保持自己的优势，加强深度报道和后续报道，挖掘事件背后的真相。

(三) 媒介融合时代需要新型的媒介人才

媒介融合是指随着传播技术(卫星技术、数字化技术和网络技术)进步，以及这些技术在报业、广电、通信领域的全方位渗透与应用，使得媒介间的界限逐渐模糊；同时，新媒体层出不穷，媒介终端可实现的功能逐步强大。融媒时代需要全能型的媒介人才，新闻传播类专业学生应及时了解新媒体的特性，掌握其运行规律并熟练操作，运用于工作当中。

在以往传统媒体中，记者、编辑、管理者各司其职，他们责任单一，分工明确，相对独立，然而这种分工在媒介融合大趋势面前却显得越来越不适应市场的发展。融媒时代消除了各媒介之间的"隔阂"，相互合作，整合文、图、音、像内容，达到了内容的融合和渠道的共通，促使了"融合新闻"的出现，要求跨媒体的团队合作，以全方位的技术运用为前提整合信息资源，建立崭新的传播模式。因此，在融媒时代需要具有复合素质的新媒介人才。

1. 熟练掌握全媒体业务技能

以往对新闻工作者的要求是"专"，要精通某一方面的技术或本领，一般的新闻记者仅仅是做单纯的文字工作或摄影工作等，工作内容较单一、形式单一。而在媒介融合后就要求记者等新闻工作者是技术的多面手，要具备文字、图片、视频等多种传播手段的操作能力，要能够通过多种媒介技术的融合来完成新闻信息的采编制作过程，同时制作出来的作品要能够为多家媒介所使用分发，可以多渠道传播。

媒介融合环境下的新闻工作者除了在技术能力上要懂得"广""深"外，还要了解媒介经营和媒介管理，这样才能在更宏观的角度上把握整个媒介的生产和发展，要做到对采编策划、资源共享、制度保障、传播渠道、绩效管理及产业链发展等多方面都有所了解才能更好地完成自己的工作。

2. 具有复合型知识结构

融媒时代的新闻工作者不仅要拥有扎实的专业知识，而且要涉猎广泛、扩展视野、拓宽知识面，不断充实自己的头脑，提高自身的综合素质，培养强烈的社会责任感，紧跟媒介融合的潮流，以广阔的视角、独特的思维关注国情民意、人生百态，传播"中国好声音"，弘扬社会主旋律，歌颂真善美，抵制假恶丑。

3. 具备跨媒体工作能力

我国传媒产业发展迅速，内容更新加快，媒介融合趋势明显，传播主体范围扩大，社会公众参与信息传播；新闻业务平台扩展，立足于多媒体融合；新闻报道模式多样，全方位、立体化展现新闻内容。个体受众往往处在多媒体的相互依存关系之中。一个人可能同时使用报纸、广播、电视、互联网、手机等多种媒体，接收和选择自己所需要的各类信息，这一系列的变化客观上要求新闻人才必须具备跨媒体的工作能力。

新闻工作者要熟悉网络应用和各种现代化采、编、播、录、传设备,在不同媒介形态与数字技术的基础上整合海量信息资源,将音频、视频、文本、图片、图表等各种新闻素材整合处理,以360°视角、全方位、立体化的新闻表现形式报道新闻事实。英国广播公司(简称"BBC")就提出,新闻工作者越来越有必要学会做图形设计、文字编辑、声音编辑、图像编辑等多项技术性工作;BBC要求自己的记者能为广播、电视和网络三种媒体供稿。

同时,新闻工作者要兼顾广播、报纸、电视、网络甚至手机等各种媒体,根据新闻产品的特点和各媒体业务的差异制定最佳报道方案,选择合适的传播渠道,充分发挥各种媒介的融合优势,达到最佳的传播效果。另外能够身兼数职,采、编、播、评样样精通,在所处环境恶劣、现实条件有限的情况下也能够完成报道任务。

二、新闻传播类专业常态化实习的意义

从新闻传播类专业的特点、当前新闻传播教育存在的问题以及媒介融合对新闻工作者的要求来看,新闻传播类专业学生开展实习是很有必要的,而且专业实习应是一种持续性、常态化、普遍性的活动。

课题组了解到,95%的学生认为新闻传播类专业学生大学期间利用寒暑假(节假日)开展常态化专业实习是有必要的,仅有5%的学生认为没必要。可见大部分学生还是意识到了新闻传播类专业实习的重要性。同时,大学生普遍认为新闻传播类专业常态化实习有利于及时认识不足,查漏补缺,有利于增强专业学习兴趣,及时将课堂知识运用到传媒实践中,巩固所学知识和技能,有助于及时了解媒介发展的前沿和动态,意义非常重大(见图4-15)。

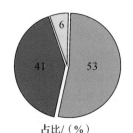

图4-15 学生对常态化实习的看法

新闻传播类专业是一门实践性极强的专业,学生应将课堂上所学的理论知识转化到实际工作中,检验理论是否正确,在实习中不断学习新的媒介知识,增强实践操作能力和业务水平,更好地实现就业和服务社会发展的目标。

高校新闻院校把理论知识传授给学生,学生通过实习获得实践经验,把实习情况反馈给高校,高校再结合学生实践反馈的信息,进行新闻传播教育改革,这样循环往复的常态化实习模式对高校、学生、媒体都具有重要意义(见图4-16)。

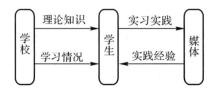

图4-16 新闻传播类专业常态化实习模式

(一)加强新闻传播教育与媒体之间的互动联系

高校新闻传播类专业应适应社会市场发展和需求,培养具备系统的新闻传播类专业基本理论和知识技能,能在报社、广播电视机构、出版部门及其他新闻宣传单位从事编辑、采访与管理等工作的新闻传播类专业专门人才。为此,必须调整既有的办学思路,确立人才培养新定位。要由培养适用单一类别媒体的采编人才向培养适用媒体融合发展的复合型采编人才转型。相对于单一媒体,媒介融合发展意味着媒体从业人员的采编意识、知识架构、职业技能等方面要向全媒体拓展。在媒介融合情况下,文字记者与摄影记者、记者与编辑、报纸媒体的从业人员与网络媒体的从业人员等等这些特指概念将会被淡化,因为新闻从业人员将同时具备多项职能、扮演多种角色。因此加强新闻传播教育与媒体之间的联系,有利于培养具备采、写、摄、录、编等综合业务素质,具备报纸、广电、网络等多种平台作业能力于一身的融合型新闻采编人才。

(二)常态化实习推动新闻传播教育改革

新闻传播类专业学生通过常态化实习,把实习的情况反馈给高校,高校必须结合学生实习的结果,进行反思并做出人才培养方案调整。一方面高校要更新教学理念,加强实践教学和"双师型"师资力量,针对全媒体时代媒体对新闻人才的要求,重新修订新的人才培养方案,面向社会进行全面的融媒教育;另一方面高校要跟上媒介发展的步伐,了解媒介的前沿和动态,及时对课程设置做出调整,突出课程设置的实践特色。

1. 更新教学理念,增强实践教学环节

根据学生实习的及时反馈,教师要找到学生从媒体学到的知识与所传授知识之间的差距,更新在教学过程中的新闻理念,跟上当下媒体发展的步伐。因此高校必须改变传统办学思想,重视理论与实践相结合,认识到实践教学的重要性,把"知"和"行"统一结合起来。改变传统"学院式"教育方式、"应试教育"理念。一些新闻实践课程可以安排在校园媒体或报社、广播、电视台来完成,给学生一个更加直观的体验平台。根据实践课程需要,高校可以组织学生实地学习采访,了解信息生产全过程,或者安排学生去报社、广电、网站等媒体实习,增强实践教学力度。

2. 加大资金投入,改善实践教学条件

新闻传播类专业学生通过实习,可以发现自身的不足,但很难达到用人单位的要求,这种现象的出现其中一个重要的原因就是高校由于资金投入不足,不具备实习实践的条件,如缺乏实践设备、师资等。因此,提高新闻传播人才的培养质量,要高度重视新闻传播实践教学物质条件的保障。

新闻传播学作为一门实践性较强的学科,要培养适应未来发展的跨媒体新闻人才,必须具备基础的物质条件。首先,学校要投入充足的资金,构建起学生实践需要的合格实验室等硬件设施;其次,新闻院系自身也要想办法实现开源节流,加强实践教学的投入,为高水平的专业人才培养创造必要的物质技术条件。

3. 加强"双师型"师资力量

新闻传播类专业的学生通过实习发现教师课堂上所传授的知识与媒体实践学习到的知识

存在一定差距。因此,新闻传播类专业需要加强"双师型"师资力量。"双师型"教师是指既具备扎实的基础理论知识和较高的教学水平,又具有较强的新闻业务能力和丰富的媒体工作经验的教师。"双师型"教师既可以通过本校培养,比如让新分配到单位的青年教师到媒体锻炼,然后再回到学校任课,也可以从媒体聘请资深人士来上课。

一项调查显示,在美国大学的新闻传播类专业院里,只有17%的教授没有当过记者,37%的人认为新闻传播教育工作者需要有博士学位,大部分教授认为,新闻从业经验而不是博士学位,更是聘任新闻传播教育工作者的先决条件。加州大学伯克利分校只有18%的教授或教员拥有博士学位,纽约州立大学新闻传播类专业院校的教师更是以有经验的新闻记者为主。

4. 更新课程设置体系,全面开展融媒教育

新闻传播类专业学生通过实习,发现课堂所学内容较少涉及新媒体和互联网方面的内容,造成理论与实践脱节。据统计,新闻传播类专业所开设的课程中,纯理论课占比61.5%,实践操作课占比9.7%,理论与实践相结合的课程占比28.8%。这样的实践教学体系已经远远不能满足媒介融合对新闻传播类专业学生业务技能提出的新要求。

融媒时代,高校的新闻传播教育必须紧跟媒介发展的前沿,了解媒介动态,更新课程设置体系,突出特色,淘汰不适宜的课程设置。一方面,新闻人才既是"专家"又是"杂家",在新闻传播类专业知识之外,高校应调整课程体系结构,加强通识教育力度,加大人文社科类基础课和传播科技应用课的比例,增加实践教学的时间。学生在学校不仅要接受文、史、哲等人文学科教育,接受社会学、心理学、政治学等行为科学教育,同时还要接受电信、计算机等自然科学方面的教育,以增强他们的社会适应能力。另一方面,高校应结合当下媒介发展的步伐,增加教学新内容,进行全面融媒教育,如在课程设置上增加网络、媒介策划与运营、广告以及媒体公关等方面的课程,使报纸、广电和互联网三者之间课程设置相互联系又有区别,这样便于学生融会贯通,在实践过程中得心应手。

(三)常态化实习可满足媒体对人才的需求

新闻传播类专业学生通过常态化实习,可以将课堂所学知识用于实践,用实践检验真理,找出理论与实践之间的差距,将"知"与"行"有效结合起来。

有美国学者曾经对世界上第一家融媒机构《坦帕论坛报》的从业人员进行深度调查,他们认为媒介融合时代的从业者至少应该具备四种能力:一是一专多能的技能储备;二是要重视新闻写作与报道在各平台中的基础作用;三是,快速掌握新技术的能力;第四,跨平台的人际交流能力。在国内,媒介融合使业界特别需要两类人才,一类是能够对多种介质的媒介平台具有综合管理能力的高层次管理人才,另一类是能够运用多种技术工具、掌握各类传播技能的全能型记者编辑。在全球媒介融合的大背景下,新闻传播人才社会需求结构的变革主要表现在三个方面:在技能方面,要求从业者能够综合使用各种传播工具,强调跨媒体的复合技术能力;在从业者的知识结构方面,要求有以扎实专业素养为基础的复合知识结构,强调专业知识的基础作用和广阔的知识储备对整合传播的促进作用;在媒介经营与管理方面,强调跨媒介平台的管理能力,要求管理人才具有宽阔的视野和复杂媒介环境下的整合管理才能。

三、开展新闻传播类专业学生常态化实习具体措施

针对当前新闻传播教育存在的问题和媒介融合对人才提出的新要求,高校新闻传播教育须制定有效的对策,强化实践实习环节,帮助新闻传播类专业学生有效开展常态化实习。一方面,高校要重视实践教学环节,认识到实践教学的重要性,加大投入,改善实践教学的条件。另一方面,高校要更新课程设置,进行全面融媒教育,提高教师实践教学能力,聘请有丰富经验的媒体从业人员到高校任教,也要经常让学校的教师去媒体学习,交流经验。另外,学生必须从主观上意识到实习的重要性,积极主动寻找合适的实习机会。

课题组了解到,88.5%的大学生认为在常态化实习过程中联系实习单位困难,83.0%的大学生认为课堂所学与媒介现实差异很大,心理反差比较大,73.5%的大学生认为知识能力储备不够,不知道如何开展实习活动,也有68%的大学生认为人际交往能力欠缺,不知道如何与实习单位、采访对象交往。

针对常态化实习遇到的种种困难,92.5%的大学生希望学校帮助联系实习单位,88.5%的大学生希望学校提供实习指导、辅导,还有42.0%的大学生希望学校提供一些物质帮助,但没有具体指向。

新闻传播类专业常态化实习是实践教学的重要环节,高校新闻传播类专业在此过程中应当发挥主要作用。

(一)建立实习基地,提高学生实践参与可能

高校除了利用校园报纸、广播站、电视台之外,还应该和当地的报纸、广播、电视等媒体建立广泛而密切的联系,有条件的院校甚至可以和其他地区的媒体建立联系。高校与新闻单位合作共建新闻实践基地是高校解决学生实习问题的普遍做法。如清华大学新闻与传播学院和海南日报共建新闻与传播教研基地,共同开展教学、科研与新闻实践业务探讨活动。海南日报报业集团为清华大学新闻与传播学院提供奖学金和奖教金,支持学生到海南日报报业集团实习;清华大学新闻与传播学院为海南日报报业集团业务骨干的培训提供服务。同时,两家单位还针对报业集团发展面临的前沿性问题共同开展探讨和研究。这样的做法使理论教学和社会实践相结合,使学生在校内学习期间可同时受到来自新闻单位的培训和熏陶,提高学生实践操作能力,很好地解决了高校教学与媒体需求相脱节的问题。

今天新闻媒体面临的许多问题无法在抽象、空洞的理论中找到科学答案。完全脱离新闻实践的教学无法解决中国新闻媒体面临的现实问题。高校新闻传播类专业不是从概念到概念的空洞传播学理论教育,而是传授学生最基本的新闻传播类专业原理、基本采写技能和基本价值观,使学生在走进社会从事新闻报道前受到过严格的专业基础训练。这种新闻传播类专业基础训练的严格性类似医学院、法学院对学生的训练。

(二)安排学生进行"阶梯式实习"

新闻传播类专业的实习需要循序渐进,因此高校可以根据课程需要,合理安排进行学生课程实习、暑假实习和毕业实习。这样可以及时将课堂所学和实践相结合,学生在实习过程中增强专业兴趣,查漏补缺,并了解新闻媒体的前沿和动态。

一是利用节假日和双休日,结合课程安排实习。在新闻采访、新闻写作、电视节目制作、新闻摄影等课程实习中,充分利用当地的资源,就近就便开展。如延安大学新闻传播类专业教师在新闻采访和新闻写作课上,组织学生到延安日报社参观学习,让学生了解新闻的采集、编排等过程;在电视节目制作过程中,组织学生到延安电视台实地学习,让学生了解节目制作的全过程;新闻摄影课程,利用当地的红色资源和旅游资源,组织学生到杨家岭旧址、枣园旧址和王

家坪革命纪念馆等地实践教学。

二是安排好寒暑假实习,大致有两种方式:一种是组织学生利用寒暑假到各类新闻媒体实习。本科生在校期间可以充分利用三个暑假到两种或两种以上的异质媒体(例如报纸媒体和电视媒体)实习,或是先在本地媒体实习,再到外地媒体实习。另一种是学生组建团队开展田野调查,分组调查社会热点问题。

三是安排好毕业实习。为期3个月的毕业实习是新闻实践教学的重要环节。学生经过前两阶段实习的锻炼,已奠定了比较坚实的基础,因而在毕业实习中表现得更加成熟。学生在新闻单位实习教师的指导下,受到更为严格、更为规范的训练,进一步提高政治素质和业务能力。

(三)引导学生主动实践,形成不同媒体的实践体验

新闻传播类专业不同于其他的专业,是实践性、操作性、应用性很强的专业,因此高校应转变教学理念,加强实践教学力度。课程设置应符合当代媒介发展的大趋势,主动对接用人单位的需求,与市场相适应,这样才能实现人才培养目标。另外,新闻传播类专业的学生应变被动为主动,主动通过常态化的实习与媒体接轨,这样才能为未来的就业打好基础。

4.4 教学评估：过程性考核

过程性考核适应新时期新闻传播人才培养的要求，是"三全育人"理念在考核评价环节的重要体现。具有前瞻性和可操作性。过程性考核方法不仅可以激发学生的学习动力，促进学生的思维发展，拓宽学生的视野，提升学生的团队合作能力，提高学生的学习效率，而且可以加强师生之间的沟通，进一步改善师生之间的关系。对于弥补传统考核方式的不足具有很好的作用。

一、过程性考核产生背景与相关理论

（一）过程性考核的产生背景

1. 国内过程性考核产生的背景

（1）高等教育考核方式的转变

2018年6月，时任教育部部长陈宝生在关于高等教育工作的报告中强调，有必要有效地"增加"大学生的负担，不仅要鼓励他们，而且要引导他们，并更改考试的复习方式、方法，在整个过程中进行严格的审查，这就清楚地为教育教学、考试考核观念改革提出了新的要求。

在大学生有效"增加负担"的情况下，各高校都在思考传统单一评价方法的弊端，试图建立一种可以提高学生实践能力的评价指标体系。过程性考核建立多层次、互动的课堂教学场景，使新闻传播类专业学生从被动的受众转变为主动的教学过程参与者。全过程的考核方法注重学生的个体差异和多样性，认为选择多层次的考核评估方法对学习效率进行考核和评价，可以有效改善传统考核评估方法的不足。新闻业务课程内容的全过程考核评估机制，可以分阶段、分课程，以多种方式对学生进行综合评估，重点评估学生的认知过程、逻辑思维和实践能力。

（2）"三全育人"工作的要求

立德树人对于高等教育来说这是根本的问题。从始至终要把道德教育作为关键步骤，把教育科学研究的全过程集中在思想政治工作上，从各个方面进行道德建设和人才培养。2017年，中共中央国务院印发了《关于加强和改进新形势下高校思想政治工作的若干意见》，明确提出坚持全员全过程全方位育人，即"三全育人"。

"三全育人"要求教育团队、教育时间和教育空间高度协调，强调立德树人应贯穿教育教学全过程。过程性考核增加了对学生学习情况的实时观察，增强了对学生学习时间维度的长期管理。另外，全方位育人也强调从空间维度整合和利用各类教育教学平台资源。

新闻传播类专业业务课程与多平台考核、全方位育人的教育理念具有很强的契合性和可操作性。在新闻业务课程实行过程性考核，有助于全面推进高校新闻业务流程教学的研究，提高新闻人才培养质量。新闻业务评估应建立全过程教育模式，业务课程和基础课程的内容应该在同一方向上产生协同作用。

2. 国外高等教育考核的方式与理念

美国大学考试除了半开卷考试外，还有团队考试供学生选择。首先，各小组针对课程内容中的关键点和难点问题，制定一系列考试题。每个小组成员独立做题，然后一起讨论，得出结

论。在此阶段，同步完成个人评估和小组成员互评，再由教师和其他小组对该小组提交的试卷和答案进行评估。最后，根据以上两部分的结果得出小组的最终成绩。这种评估方法将对课程内容的控制权分配给学生。参与者必须专注于关键点，发现问题，共同交流和讨论，有效提升学生的学习主动性和创造力。

英国不同学校和不同专业的考试有很大差异。在英国的大学里，一门课程的最终成绩通常由平时作业成绩、演示成绩和期末考试成绩三个部分组成。大多数作业和其他评估可能是小组作业。期末考试通常以案例研究等主观题为主。英国大学的过程评估方法主要有以下几种：一是课程论文，根据一定的社会现象收集数据并分析；二是课程内容作业，包括课堂作业、同步练习；三是技术专业报告，即经过认真调查分析后，编辑有关技术专业文件；四是精英团队新项目分配，即是精英团队成员自主选择论文主题，分配任务，相互合作，并鼓励个人培养创新意识，开展创造性实践。

通过对西方高等教育考核方法的观察，总结得出西方高等教育较关注学生的主观能动性和学生多维度、长时间的学习情况，更加强调学生的实践能力，从而做到实践与理论相结合，在实践中提高学生对基础知识的理解，提升学生的自学能力和适应能力。西方的教育评估方法与过程性考核方法的理念相契合，在一定程度上既满足了学生多维度的学习要求，又能够长期跟踪观察学生学习的状况。

(二) 对传统考试、评价方式的审视与反思

1. 考核方式单一

考核方法缺乏多样性。目前大学课程的期末成绩主要依据期末考试，一般占80%，其余20%为日常考勤和课堂表现。期末考试通常是笔试形式，缺少其他形式的考核，因此学生更关注考试合格的技巧和捷径，从而扭曲了学习动机和价值观，忽视了思维、自主创新能力的发展。尽管使用考试方式促进学习是教育和科研评估的关键方法之一，但是一次期末考试的成绩不能充分体现学生对课程内容的理解与掌握情况，不能完全展现学生的专业知识应用能力和自主创新能力。新闻传播类专业内容具有覆盖面广、综合性强的特点，很难把课程教学内容、核心概念、业务要点集中在一张试卷上，客观、全面地评估学生的学习结果。

2. 考核缺乏引导性

评估的内容和方法决定了受教育者的个人目标和方向。无论评估的结果或水平如何，目的都是对受教育者进行评估。这种考核评价会给学生指明考试的范围和考试方式。无论学生在学习之前依靠什么方法，知识都必须统一呈现。传统的教学方式是以教师为主、教材内容为主、理论知识的背诵为主，而传统的以课堂为中心的教学活动模式，学生接受的知识和技能也来自于课堂教学。这种教学模式也容易使学生养成"重理论、轻实践"的思想，使学生逐渐失去主动思考、加深理解和自主学习的能力。

3. 考核次数少、间隔时间长

常规考试时间一般安排在学期末。学生只关心他们的最终成绩，而不是他们的学习水平和结果。期末成绩只能反映学生在期末期间的学习情况，而不能动态反映学生实际的整体学习情况，教师的教学质量和水平也无法检验和体现。传统的课堂教学模式对平时的考核重视不够，只在期末一次，存在着"强调专业知识，忽视实践能力"的明显问题，学生出勤率低、抬头率低。对学习过程和有效教学的工作机制缺乏评价而导致无法建立个人目标，只能被动地接

受专业知识的转移,通过刻板的学习方法死记硬背,不太可能整合、理解。

4. 考核缺乏客观性

传统评估方法的最大缺点是缺乏协作。在现实生活中,有很多学生的实践能力和文字能力存在很大的偏差。新闻传播类专业是一个注重实践和技能的专业群,而传统的考试侧重于理论知识的掌握,忽视了对实践能力的考核,也失去了考试的重要引导作用。

(三)过程性考核相关的教育理论新发展

1. 现象学的命题

从20世纪70年代到现在,教育行业的"方法转变"主要体现在课程内容和课堂教学上,逐渐从课程评价方法向课程内容理解方法转变,课程内容被理解为一种多元文本的研究范式。现象研究社会心理学的基本理论认为,文化教育应回到文化教育本身的日常生活中。关注学生的生活实践,重视教育是反思性的社会实践活动,重视师生对教育以及文化教育体系的关键作用。新闻报道业务的课程内容和新闻报道的课堂教学也具有此功能,紧密围绕学生的特定日常生活,进入学生的真实认知对象——职业行为与社会现实,并在课程内容和教学中将学生视为未来的职业从事人群。

新闻报道业务课程基础内容的教学方法应回到课程内容本身,实践活动教育本身的热点问题以及如何"传授"教师实践活动的专业知识。因此,新闻报道业务课程应该在基本理论逻辑和实践活动之间找到联系。在社会心理学与全过程考核评价相结合的过程中,首先,新闻报道业务流程课程内容的教育教学理论评价方法的改革与创新应突出实践活动,回归现实,回归业务流程课程内容问题本身。由于教育和教学的基础课程是标准的知识,因此业务课程内容的学习和培训必须与实践活动紧密结合,具有反映业务课程内容的实践特征。其次,业务课程内容的教育教学理论应注意以下事实:学生是课程内容和课堂教学的主体;业务类课程内容教育和教学理论的实践活动导向赋予了业务类课程的实践和教育特性。

2. 建构主义教学理论

布鲁纳在他的教育和教学理论中大力提倡观察学习。发现建构主义在课堂教学中的目的是让学生运用教师提供的原材料,学会思考,发现教材内容结构的规律性。在观察性学习中,最重要的是塑造学生的主要角色并鼓励他们大胆猜测。布鲁纳认为,学习是学生获得专业知识的最佳途径。他认为寻求学习和培训将有助于培养设计专业学生的智商潜力。他着重强调:"课堂教学的总体目标应该是正确地指导学生进行自我发现。"在20世纪80年代,英国的冯·格拉斯菲尔德明确提出了建构主义教育理论。在认识的过程中,建构主义的基本观点不再是发现世界是独立于他们的心灵的,而是通过以往的个人实践经验,重新组合和建构一种新的认知结构,认知是建设性的。

课堂教学的目的是塑造新时代善于终身学习的学生,使他们能够自己操纵学习过程,具有认识和评论的能力,思考和批评的能力,并具有自主创新的精神实质。因此,建构主义的学习理论使每个人对新闻报道业务流程内容评价全过程的实践活动和探索有了新的认识,也对新闻报道业务流程内容的传统教学方法进行了改革。

新闻报道业务课程内容的课堂教学管理中心已从教师转移到学生。学习和培训不是教师简单地向学生传授专业知识的全过程,而是由学生自己发现专业知识的全过程。学生不再是被动地接受信息内容,而是在积极接受创造专业知识的实际意义。这是别人无法替代的。在过程评估模式中,学生可以主动接受信息,主动构建自己的知识框架和知识获取方法。在过程中获取知识,整合知识,并将所学的知识落实到未来的社会实践中,它可以更好地反映"学习如何学习"本身比"学习什么"更重要的观点。

二、过程性考核实施方法、措施

新闻传播类专业业务类课程教育教学效果在实践层面的实现路径包括三个方面:一是完善实践性课程体系,形成课程主体,能够与专业理论进行比较和验证,将知识转化为能力,也能够符合现实社会发展的要求,形成循序渐进、逐步完善、环环相扣的实践课程体系;二是强化实践过程,建立切实可行的课程评价机制,从指导、监督、评价的实施全过程,强调教师职责范围,指导监督是基础;三是立足办学条件,从服务地方入手,结合学生的层次和个性发展的需要,突出学校特色、地方特色、学生个性特长,发展特色和水平,整体上满足社会发展的一般要求。

(一)分组学习探究

分组的目的是为了鼓励和督促学生主动学习新知识,尝试自主探究学习,学生需要以团队的形式完成小组综合作业。教学过程中,教师在导论部分对课程的内容和要求进行基本的介绍,并根据课程内容所涵盖的具体内容选择最具代表性的题目,供各组根据兴趣进行选择。学生可以根据个人意愿自由选择自己喜欢的话题,选择相同题目的学生组成一个小组。各小组协调一致后确定课题,要求学生课后实时关注课题的相关内容、相关文献,了解课题的最新研究进展,并定期与团队成员进行总结交流,完成最后的课堂报告。通过有针对性地检索国内外资料和文献,学生以"探索"为目的,自学某一方面的知识,真正实现自主学习,提高专业素质。教师采用案例教学法,与学生探讨如何将专业课所学的基本理论运用到具体的学术研究中,使学生通过实例真正理解专业知识与实际应用的统一,从而改变学生对专业课的理解认识偏差。产生对课程的兴趣,增强学生的专业学习自信心。

(二)开展选题策划

选题会的意义在于培养学生的看齐意识、策划能力和材料收集能力。课堂报告可以从选题会成员中选出代表完成,也可以集体报告。在报告的编写过程中,各成员积极策划报告的内容和形式,训练自己的策划和组织能力,提高自己收集材料的能力。学生积极参与汇报工作,如收集材料,整理材料,升华选题的意义,构思汇报内容和制作汇报 PPT。在汇报中,每个学生都介绍自己的贡献。教师和其他组学生分别对汇报进行提问和评分。最后,教师对汇报进行点评和总结。

(三)开展采编实践

采编实践的目的是培养学生的实践能力和对基层的关注意识,提高学生对新闻的敏感性,创新报道视角,保证新闻的真实性。根据新闻的真实性和时效性,学生必须具有较强的新闻敏感性和较高的实践效率,以培养学生的自主性,使学生重视以点带面的问题,不断拓展新闻线索和信息来源,提高学生多样化获取信息的能力。

学期开始前,教师根据教学内容和任务,及时向学生分配采编任务,如课前十分钟、微信公众号推送等。学生要根据相关教学任务,构建科学完善的学习计划,对纷繁复杂的信息进行筛选和评估,及时积累相关资料,保证新闻信息的真实性和新颖性,提高团体作品的质量。学生也应积极收集师生的意见和反馈的信息,并做出相应的调整和改变,以增强自身团队的竞争力。学生的作品容易出现内容同质化的现象,这就需要通过不断创新,从众多同类报道中脱颖而出。

采编的实践不仅加强了学生的实践能力,也加强了学生对基层的关注。新媒体的产生和发展已经成为当前媒体发展的主流,在未来相当长的一段时间内,新闻采编过程的内容、要求、方式都将发生巨大的变化。在这一过程中,学生应结合对传统媒体和新媒体特点的学习和理解,在媒体融合发展的新环境中开展专业实践。为了培养更全面的新闻传播类专业学生,学校应该搭建专业的媒体平台,让学生体验到融媒体的活力。

(四)优秀作品分享

在当今媒体的技术变革和媒体行业的转型与发展中,回顾普利策新闻报道文化和教育的理想化将有助于学生掌握新闻报道文化教育的精确定位和方向,深入了解新闻工作,并改进新闻报道,提高文化教育的质量和经济效益,培养更优秀的新闻人才,更好地为新闻工作服务。网络媒体在促进社会发展和信息传播方面发生了许多新的变化。今天的中国也正在经受新的在线媒体的巨大影响。为应对这一挑战,新闻工作者开展了富有创意的新闻报道文化教育,增强宣传和策划人员的使命感和新闻报道时、度、效。提高全球视野和在中国讲好故事一直是我国主流媒体勤奋工作的总体目标。

如何做好新闻报道,讲动人的故事,如何扩大媒体社会发展的知名度以及最大程度地提高新闻报道的社会影响力也是主流媒体专业人士应该积极思考的问题。每年在我国举行的"中新奖"汇集了最杰出的新闻报道。这些作品具有时代特色,借鉴了流行的概念,并受到了大众的喜爱。在对中国新闻奖获奖作品进行分析和科学研究的基础上,新闻工作者了解如何做好报道新闻,讲短话,对新闻报道工作起到深入的启示作用。

在每节课的前十分钟,由学生上台讲解所学的优秀新闻作品,深刻分析获奖原因。新闻传播类专业学生通过这些优秀作品,进一步了解新闻事业,传播中国正能量,更好地为中国的新闻事业服务。

(五)批判思维的培养

"我们来找茬"的具体实施措施是学生利用各种媒体,丰富的社交平台和信息传播渠道,自由获取信息。学生可以自由学习新闻和时事,不受时间和空间的限制。旨在让学生发现现有作品存在的问题,分析问题出现的背景和原因,培养学生的批判思维和质疑精神。在这个过程中,学生对记者采访的准备中存在不同程度的问题分析,并提出改进和解决相关问题的建议。这样,学生就能客观地分析今后学习中的问题,最终得出有效的对策,帮助新闻传播类专业学生形成更加符合时代发展需求的工作理念,从而为今后的社会大众提供更优质的新闻作品。

(六)常态化实习、实践

1. 常态化实习实践的目的和意义

新闻传播类专业培养出来的毕业生应该在策划、采访、写作、评论和拍摄方面具有基本的技术专长,并能够迅速融入新闻媒体生产和运营的相应工作中。因此,实践教学活动在塑造高校本科专业课堂教学新项目中起着关键作用。随着新闻报道实践活动的迅速发展,高校新闻传播类专业的综合实践课程应具有开拓性和创新性,促进学生综合职业能力的提高。在教育改革中,应进一步注意提高专业技能和技术,并促进学生各种业务素养的全面发展;在实习中要进一步充分发挥高校专业教师的作用,对学生进行有关业务流程的具体指导;各种校园媒体服务平台可帮助受训者快速入门;最后,新闻媒体的学习和培训也包括在主题研究中,使实践成为课程的组成部分,并将实践常态化开展。

2. 常态化实习实践的措施

新闻传播类专业的实践活动主要分为两个部分:第一部分是专业课程的实习,通常在强化学习的第四学年,被称为生产实习;第二部分是课堂教学过程中具备实践环节的课程。专业课以课堂教学为主导。此外,还结合了各章目录内容的练习活动规定,学生可以根据需要进行。延安大学新闻传播类专业必修课程包括实践活动的持续时间。新闻写作和实践审查的具体时间占总时间的1/3;新闻编辑、纪实摄影和拍摄实践占总实践环节的一半以上。近年来,延安大学还不断创新和调整新闻学的人才培养方案,加大了实践活动的比例,并运用了专业技能和其他理论课程,使学生能够迅速融入并从事相关工作。从近年来大学本科教学工作评估的数据和信息看,用人单位对新闻学专业的满意度逐步提高,说明实习活动的改革和创新取得了一定成果。

三、结课考试:过程性考核的一部分

习近平总书记在与北京大学师生座谈时指出:"要把立德树人的成效作为检验学校一切工作的根本标准,真正做到以文化人、以德育人,不断提高学生思想水平、政治觉悟、道德品质、文化素养,做到明大德、守公德、严私德。要把立德树人内化到大学建设和管理各领域、各方面、各环节,做到以树人为核心,以立德为根本。""广大青年要努力成为有理想、有学问、有才干的实干家,在新时代干出一番事业。"高等教育教学过程中,合理的"挂科"可以让学生在做人、做事方面产生重要的影响。

高等教育在全过程育人中,过程环节的受关注度与其育人效果是正相关的。考试不仅仅是教学效果的重要评价和测量手段,更是高等教育教学全过程育人的一个重要环节。其育人效果显著与否取决于高等教育体制中考试所受到的教、学双方的关注程度高低。

但是在现实教学活动实施中,考试作为课程学习效果的终极性评价被学生过分重视,考试"挂科"所带来的复杂教学事务以及碍于被学生所建构的"和睦"师生关系,使教师也不愿意做出基于学情的、合理的"挂科"评价。由于教学双方考试评价心理目标的趋同性,导致非理性因素极大地干扰了考试作为教育教学过程性环节的客观呈现。于是考试作为工具被重视,作为"立德树人"手段的思政育人功能被忽视。学生"挂科"现象成为一种完全可以主观掌控的非理性现象。

首先,合理"挂科"可向学生有效传递"公平""公正"的社会主义核心价值观,在当前的高等教育环境下,其课程考核的难度往往都是大多数学生在努力的情况下可以接受的,也是可以通过的。考试结果往往与学生平时的努力程度、学习程度成正比。因此,教师批阅试卷、对学生的整个课程学习结果做出评价,是对学生整个学习过程、态度的直接评价,具有很强的育人作用,向学生传递付出与收获之间的因果关系,引导学生注重课程学习过程,实事求是地对待学习和课程,也有利于整体学习风气的营造。

另外,教师对学生课程评价的结果基于学生的高关注度会产生强烈传播效果,特别是一些违背学习规律和公平公正的评价结果,在学生中间会形成负面的影响,极大地损害了全过程育人的效果,与高等教育"立德树人"的目标格格不入,甚至会形成对抗。教师出于自身利益考虑主观影响、任意改变考试结果,是在给学生传递有悖"公平""公正"的错误价值观,错失了考试

的思政育人功能,背离了高等教育的初衷。

其次,"合理"挂科是确保全过程育人质量的重要手段。如果将考试仅仅作为一门课程教学结束的测评手段,显然对考试的意义和作用的认识具有局限性。考试是全过程育人的一个环节,具有承上启下的阶段性学习总结、反思和激励作用。考试不仅仅要考查学生知识技能掌握到什么程度,还要通过考试让学生完成自我检测和省思,明确前一阶段学习中的缺陷和不足,进而端正学习态度,改进学习方法,提高学习效果,为下一阶段的学习做好思想上的校正和方法上的调整。因而,合理的"挂科"无疑对全体学生形成科学的学习观和"学习—反思—学习"的终身学习观具有不可替代的作用,有利于全体学生在不断地反思中提高学习的效果和质量。从宏观上来讲,也是对整个高等教育质量提升的有力促进。

最后,合理"挂科"是教师作为育人主体职业形象塑造的重要路径。当前的高等教育环境下,教师对考试拥有重要的裁量权,教师几乎可以掌控考试的过程和结果。在非理性因素的影响下,教师对学生的学习过程可能做出不符合实际的主观评价,其中就包括对考试结果的评定。这种现象会导致学生直接将这种失范行为与教师职业身份联系起来,进而对教师产生负面的评价,对教师职业、师德师风产生不同程度的不认同,继而降低教师在思政教育传播中的公信力和影响力,严重影响育人的效果。

总之,过程考核为推进新闻传播类专业课程教学改革、全面提高人才培养质量带来了显著的变化。在应用型本科教育中也发挥了巨大的作用,通过培养学生的创新思维和探究学习的能力,有效提高了学生学习的自信心和积极性。拓宽学生的视野,塑造学生的团队合作能力,增强学生的学习效果。促进了师生交流和互信,进一步改善了师生关系。因此,高校教师要切实担负起育人的主体责任,高度重视考试在全过程育人中的重要作用,发挥过程性考核在育人中的重要作用。让客观、理性的考试考核评价帮助学生树立正确的学习观和价值观。用实际行动回答好"培养什么人、怎样培养人、为谁培养人"这一当代高等教育的时代命题。

参 考 文 献

[1] 景义新,沈静.屏幕媒介的变迁:渊源、衍变与未来[J].当代传播,2017(6):26.
[2] 宋崇升,庞宇."屏幕依赖",你中招了吗[N].北京日报,2019-2-13(15).
[3] 李晔.大学生自我管理现状分析与焦虑的关系探究教育[J].教育现代化,2018(3):128.
[4] 冯桂梅,王晓英.90后大学生手机依赖症心理分析及对策研究[J].中国卫生产业,2015(25):140.
[5] 徐趁丽,陈爽爽.大学生手机依赖症之症状及症因分析[J].太原城市职业技术学院学报,2019(1):101.
[6] 金欢.大学生课堂问题性手机使用现状研究:以SZ地区本科生为例[J].科教文汇(下旬刊),2019(3):46.
[7] 胡广富,程献,颜春辉,等.大学生手机成瘾对抑郁的影响:情绪调节自我效能感的中介作用[J].宁波大学学报(教育科学版),2019(1):13.
[8] 王雨虹.大学生手机依赖和社交障碍之间关系[J].科技视界,2018(2):175.
[9] 史荣兰,王茂先.网络时代下的高校图书馆使用情况:以韩山师范学院图书馆为例[J].现代交际,2017(7):3.
[10] 马莉娟.新闻传播类专业大学生非正式学习的调查研究[D].扬州:扬州大学,2012.
[11] 杨保军."共"时代的开创:试论新闻传播主体"三元"类型结构形成的新闻学意义[J].新闻记者,2013(12):32.
[12] 徐成芳,顾林.新闻传播类专业大学生手机依赖症的心理原因及防治对策[D].学理论,2011.
[13] 肖艳娟.新闻传播类专业大学生"手机依赖症"的表现及其影响[J].城市学刊,2016.7(4):105-108.
[14] 张文平.大学生手机依赖症心理原因及防治对策[J].湖北函授大学学报,2016(15):73-74.
[15] 郑海兵,武文莉.论公务员创新能力[J].行政与法,2011(3):63-65.
[16] 方草.从"手机依赖症"到推进无手机课堂的研究:以湖北经济学院为例.[J].湖北经济学院学报,2016,13(10):194-195.
[17] 马克斯.经济与社会:上卷[M].林荣远,译.北京:商务印书馆,1977.
[18] 詹姆斯.作为文化的传播:"媒介与社会"论文集[M].丁未,译.北京:华夏出版社,2005.
[19] 张咏华.一种独辟蹊径的大众传播效果理论:媒介系统依赖论评述[J].新闻大学,1997(1):27-31.
[20] 钱学森.为什么我们的学校总是培养不出杰出人才:与身边工作人员的最后一次系统谈话[J].理论参考,2010(5):43-45.
[21] 中国互联网络信息中心.第48次中国互联网发展状况统计报告[EB/OL].[2022-04-15]http://www.cnnic.net.cn/70249.htm.

[22] Divis, R. A, Aeognitive behavioral model of Pathological Internet use[J]. ComPuters in Human Behavior,2002,17:187-195.

[23] 马莉娟.大学生非正式学习的调查研究[D].扬州:扬州大学,2012.

[24] 杨保军."共"时代的开创:试论新闻传播主体"三元"类型结构形成的新闻学意义[J].新闻记者,2013(12):32.

[25] 陈善晓,张兴红.从大学生学习动力现状谈加强思想政治教育工作的实效性[J],中北大学学报(社会科学版),2008(6):8.

[26] 刘燕,高艳,孙冬梅等.大学生学习动力影响因素及作用机制研究[J].思想教育研究,2013(7):49.

[27] 高莉.大学生在线阅读的"去学术化"趋势与阅读引导[J].新世纪图书馆,2011(5):20.

[128] 王子舟.随电纸书洪流走入数字阅读时代[J].图书馆建设,2010(6):7.

[29] 万晶晶,刘丽芳,方晓义,等.大学生心理需求、自我效能与网络成瘾的关系研究[J].中国特殊教育,2012(3):86.

[30] 沃尔特·李普曼.公众舆论[M].阎克文,江红,译.上海:上海人民出版社,2006.

[31] 郭庆光.传播学教程[M].2版.北京:中国人民大学出版社,2014.

[32] 岳晓东.大学生创新能力培养之我见[J].高等教育研究,2004(1):84.

[33] 郭红霞.新媒介环境对大学生非正式学习的影响及对策研究[J].中国电化教育,2016(3):27.

[34] 冯桂珍.大学生网络依赖行为及其成因分析[D].武汉:武汉理工大学,2004.

[35] 罗清旭.论大学生批判性思维的培养[J].清华大学教育研究,2000(4):81.

[36] 赫伯特.单向度的人[M].刘继,译.上海:上海译文出版社,2006.

[37] 孙艳,赵正.论研究性学习对学生独立思考能力培养的适应性[J].科技信息,2008(8):13.

[38] 徐敏.大学生独立思考能力培养的探讨:以《保险学》为例[J].山东纺织经济,2013(1):91.

[39] 高有涛.大学生独立思考能力的引导与培养[J].科教导刊,2012(6):68.

[40] 匡文波.网络传播学概论[M].3版.北京:高等教育出版社,2014.

[41] 胡悦.危机传播中的数字化记忆魔咒:以食品安全报道为例[J].当代传播,2016(3):45.

[42] 苗翡.大学生自我管理存在的问题及对策[J].西部素质教育,2018(3):183.

[43] 董小玉,刘海涛.现代写作教程[M].北京:高等教育出版社,2008.

[44] 张鹏飞.新闻写作能力体例建构的审美模式[J].湖南大众传媒职业技术学院学报,2009(5):88-90.

[45] 彭聃龄.语言心理学[M].北京:北京师范大学出版社,1991.

[46] 张洁.消解与重构:论新闻专业学生基础写作能力的培养[J].兵团教育学院学报,2010(2):57.

[47] 马晓虹.新闻教育与新闻写作能力培养[J].长春大学学报,2006(6):159-161.

[48] 李重华.写作的现代理念与追求[J].大庆社会科学,2010(3):154-155.

[49] 尹相如.写作教程[M].北京:高等教育出版社,2009.

[8] 杜兆贵.简论网络信息时代的电脑写作[J].广西右江民族师专学报,2004(17):89-91.

[50] 刘晓乐.网络时代的新闻道德问题[J].青年记者,2009(2):9.
[51] 戴成强."网络抄袭"之我见[J].石油教育,2007(1):44-45.
[52] 周栋,李新霞.体育类大学生语言文字应用能力现状和对策研究[J].现代妇女(理论版),2014(2):243-244.
[53] 王逸琼.基于网络平台的信息甄别与利用[J].甘肃科技,2014(15):15-18.
[54] 孙志伟.高校新闻专业实践教学存在的问题与对策[J].教育探索,2009(8):41-42.
[55] 习近平.把思想政治工作贯穿教育教学全过程 开创我国高等教育事业发展新局面[N].人民日报,2016-12-09(1).
[56] 莫非.专业课教师在高校思想政治教育中缺位问题的思考[J].遵义师范学院学报,2010,12(4):94-97.
[57] 武贵龙.奏响"三全育人"最强音[N].光明日报,2019-02-26(6).
[58] 潘懋元,贺祖斌.关于地方高校内涵式发展的对话[J].高等教育研究,2019(2):34-38.
[59] 刘在洲,熊新山.大众化进程中地方高校面临的问题与成因探究[J].中国高教研究,2002(7):43-44.
[60] 贺芬.地方高校"双一流"建设:机遇、困境和出路[J].国家教育行政学院学报,2019(7):36-42.
[61] 张静.地方本科高校服务区域发展的对策[J].中国高等教育,2021(17):47-49.
[62] 朱洪波,王友云.地方高校治理转型的现实选择:内涵、特色与融合发展[J].贵州社会科学,2021(8):96-102.
[63] 潘懋元,贺祖斌.关于地方高校内涵式发展的对话[J].高等教育研究,2019(2):34-38.
[64] 蒲文灏,张琦.过程性考核在太阳能工程原理课程中的实践探索[J].高等工程教育研究.2019(S1):230-231.
[65] 罗静,侯长林.地方高校社会服务反哺人才培养模式的构建[J].中国高等教育.2020(5):21-22.
[66] 郭小良,查秀婷.论延安红色新闻资源开发的现状与路径[J].采写编,2014(5):24.
[67] 林春.红色资源转化为教育教学资源探析[J].内蒙古师范大学学报,2013(7):42.
[68] 丁淦林.中国新闻事业史[M].北京:高等教育出版社,2007.
[69] 方汉奇.中国新闻传播史[M].北京:中国人民大学出版社,2009.
[70] 李良荣.新闻学概论[M].上海:复旦大学出版社,2009.
[71] 郭小良.试论延安红色新闻资源的教育功能[J].采写编,2004(6):7.
[72] 侯宝珍.大学课堂教学中存在的问题与对策[J].教学实践研究,2010(25):227.
[73] 刘黎清.论大学课堂教学的有效性[J].黑龙江高教研究,2007(5):146.
[74] 李杰.大学课堂有效性的误区及其成因分析[J].中国大学教学,2014(1):75.
[75] 张家艳,郑璐.大学课堂教学与改革[J].中国高教研究,2003(10):92.
[76] 段鹏,韩运荣.传播学在世界[M].北京:中国传媒大学出版社,2004.
[77] 李建新.中国新闻教育流变论[D].武汉:华中科技大学,2002.
[78] 郑保卫.论习近平党的新闻舆论工作重要讲话的背景及意义[J].新闻爱好者.2016:(6):8-11.
[79] 赵志华.习近平大学生思想政治教育观及其实践意义[J].南昌师范学院学报.2018(1):

39-43.

[80] 唐乘花,朱艳琳,劳欣哲."双向协同、三链融合"传媒类专业课程思政理念与模式的构建[J].湖南大众传媒.2020,20(4):85-87.

[81] 郑保卫.马克思主义新闻观的形成与特点[J].中国记者,2001(5):26-28.

[82] 周尉东.新时代大学生国情意识培养研究初探[J].大学教育,2020(1):109-112.

[83] 杨宏斌.对"全媒型、专家型人才"炼成之道的思考[J].新闻前哨,2018(7):9-10.

[84] 朱茂明.坚持党性原则,坚守新闻理想[J].青年记者,2017(3):18-20.

[85] 陆璐,李芩,李成权."三全育人"体系下高校思政教育模式的探索[J].现代企业,2019(4):122-123.

[86] 张龙.新时代国际新闻传播教育的使命与作为[J].现代出版,2019(3):13-15.

[87] 鲁凤.高校"三育人"实践与探索[M].浙江:浙江大学出版社,2007.

[88] 谭淑玲.探讨新闻传播研究的问题意识与学术追求[J].新闻研究导刊,2016(2):87.

[89] 高薇.合作教育框架下的大学生社会实践实效研究[J].学理论,2014(10):266-277.

[90] 郑晴晴."多元互动式"的大学生社会实践育人模式构建[D].合肥:合肥工业大学,2016.

[91] 陈怀平,朱田凤.论中国特色社会主义新闻观[J].新闻知识,2009(6):3-4.

[92] 郑保卫.论马克思主义新闻观的实践性与生命力[J].新闻战线,2005(1):11-12.

[93] 黄世维.认真学习和掌握马克思主义新闻观[J].新闻之窗,2004(5):6-8.

[94] 丁法章.马克思主义新闻观的中国化及其运用[J].新闻记者,2007(2):3-4.

[95] 理论联系实际[EB/OL].[2022-02-12].http://wenda.so.com.

[96] 案例教学法[EB/OL].[2022-02-12].http://wiki.mbalib.com/wiki/案例教学法.

[97] 陈新,姚华群,王利科.加强红色新旅游资源开发步伐,助推老区文化产业大发展大繁荣[N].邯郸日报,2011-12-10(1).

[98] 聂微.浅谈幽默教学[J].新课程研究(基础教育),2007(9):110.

[99] 李彬.范敬宜与清华马克思主义新闻观教育述略[J].中国记者,2011(6):56-57.

[100] 刘祖禹.实事求是:把握马克思主义新闻观教育之魂[J].中国记者,2001(6):30-31.

[101] 童兵.把马克思主义新闻观教育落到实处[J].新闻与写作,2017(9):50-54.

[102] 周序,刘周灵润.如何认识案例教学:关于"案例教学法"提法的思考[J].中国教育学刊,2020(4):74-78.

[103] 孙俊三,王兵.案例教学:一种有价值追求的自由教育[J].中国教育刊,2015(6):77-82.

[104] 郭华.马克思主义新闻观教育"新路径"[N].中国社会科学报,2019-11-21.

[105] 陈作平.论马克思主义新闻观中的"建设者"范式[J].现代传播,2020(12):29-33.

[106] 张耀灿.思想政治教育学原理[M].武汉:华中师范大学出版社,1988.

[107] 胡钰.马克思主义新闻观教育的着力点[J].现代传播,2016(7):147-150.

[108] 胡钰,陆洪磊.马克思主义新闻观教育的创新思路研究[J].新闻与传播研究,2018(11):5-17.

[109] 张宗辉,李绚.电视民生新闻中的"政治家办报"思想[EB/OL].[2022-03-03].http://www.cnwest.com.

[110] 马克思,恩格斯.马克思恩格斯全集[M].北京:人民出版社,1956.

[111] 马克思,恩格斯,列宁.马克思恩格斯选集[M].北京:人民出版社,1995.

[112] 徐新平.王韬的新闻思想[J].新闻三昧,2006(10):52-53.

[113] 吴冷西.新闻的阶级性及其他:毛主席几次谈话的回忆[M].北京:中央文献出版社,1993.

[114] 毛泽东.毛泽东新闻工作文选[M].北京:新华出版社,1983.

[115] 张慧玲.胡锦涛在人民日报社考察工作时的讲话[EB/OL].[2022-03-15].http://cpc.people.com.cn.

[116] 王萍,关兴无.中国工人阶级大百科[M].北京:中国国际广播出版社,1992.

[117] 刘振华.杂谈:记者节谈记者应担当的社会责任[EB/OL].[2022-03-15].http://www.cnwest.com.

[118] 王道俊,郭文安.教育学[M].5版.北京:人民教育出版社,1999.

[119] 张华志.马克思主义新闻观的丰富和发展[EB/OL].[2022-03-21].http://theory.people.com.cn/n1/2017/1030/c40531-29616043.html.

[120] 杜尚泽.习近平在党的新闻舆论工作座谈会上强调:坚持正确方向创新方法手段提高新闻舆论传播力引导力[N]人民日报,2016-02-20(1).

[121] 董振华.实践性是马克思主义哲学的显著特征[N]光明日报,2018-05-22(2).

[122] 叶兵.以"四个牢牢坚持"引领新闻舆论工作政治方向.[EB/OL].[2022-03-21].http://www.rmlt.com.cn/2021/0220/608176.shtml.

[123] 潘财胜.全媒体时代记者新定位:工匠型记者[J].新视野,2018(1):124.

[124] 冷爽.实践知识哺育理论知识:"好记者讲好故事"之于新闻传播人才培养的启示[J].现代传播,2019(3):166.

[125] 刘远华.新媒体时代新闻记者讲好故事基本路径[J].一线,2017(2):120.

[126] 师翠玲.新时代高校新闻传播专业课程思政育人体系建设路径探析[A].传媒论坛,2021(2):138-139.

[127] 李明德,王含阳,张敏,等.智媒时代新闻传播人才能力培养的目标、困境与出路[J].西安交通大学学报(社会科学版),2020,40(2):123-130.

[128] 肖燕雄,王浩文.讲"好故事"与"讲好"故事相契合的尝试:对三届"好记者讲好故事"特别节目的分析[J].现代传播,2017(9):85-86.

[129] 习近平.习近平谈治国理政:第二卷[M].北京:外文出版社,2017.

[130] 习近平主持召开党的新闻舆论工作座谈会[N].人民日报,2016-2-20(1).

[131] 李大钊.史学要论[M].石家庄:河北教育出版社,2000.

[132] 白树亮,巩建宇.基于红色新闻资源的马克思主义新闻观教育创新[J].河北大学学报(哲学社会科学版),2020,45(4):144-152.

[133] 崔明.现场教学视域下基于革命遗址的党史思想教育研究[J].思想教育研究,2020(11):153-158.

[134] 陶建杰,宋姝颖.新闻教育、媒体实习与新闻学子马新观的关系研究[J].未来传播,2020,27(4):71-84.

[135] 黄鹏,吴廷俊.教育传播学新探[J].现代传播,2003(1):46-49.

[136] 郭庆光.传播学概论[M].北京:人民大学出版社,2011.
[137] 南国农.信息化教育概论[M].北京:高等教育出版社,2004.
[138] 岳伟,刘贵华.走向生态课堂:论课堂的整体性变革[J].教育研究,2014(8):99-106.
[139] 刘学忠.大学生创新能力和创新能力的培养路径[J].教育研究,2008(1):103-105.
[140] 陈凡.以学生为中心的教学何以可能:基于51所大学本科课堂现状的实证研究[J].高等教育研究,2017(10):75-82.
[141] 祝伟.知行合一[M].上海:上海人民出版社,2010.
[142] 孙晓红.陕西新闻传播教育的现状与存在问题[J].新闻知识,2010(1):58.
[143] 吴月娥,肖佳.突破新闻传播教育知行合一的瓶颈[J].新闻战线,2015(1):94.
[144] 尚恒志.媒体融合背景下新闻传播教育的改革与实践研究[J].新闻传播,2014(2):186.
[145] 侯琰婕,杨棪,丁颖.媒介融合背景下教育的改革与发展[J].西北成人教育学报,2012(5):94.
[146] 丛春华.新闻传播教育的困局及破局之探析[J].三明学院报,2008(9):34.
[147] 杜辉.媒介融合背景下新闻传播教育研究评述[J].青年记者,2014(4):45.
[148] 刘海贵.新闻采访与写作课程[M].上海:复旦大学出版社,2010.
[149] 温洪泉.我国高校新闻传播教育改革初探.[J].重庆交通大学学报,2010(3):99.
[150] 耿岩.大学生实践教育常态化建设探析[J].湖北函授大学学报,2013,26(3):33.
[151] 陈勇,王远舟,吴晓川.高校新闻传播教育与媒体接轨状况调查[J].新闻界,2008(1):122.
[152] 武志勇,李由.密苏里大学新闻学院的教育理念与教学模式[J].新闻大学,2009(4):12-21.
[153] 李洁,杜宇.大学软实力:大学发展的另一维度[J].现代教育管理,2007(7):30-32.
[154] 董广安.媒介融合背景下新闻传播人才培养的思考[J].新闻战线,2009(4):62-63.
[155] 杨丽.媒介融合对新闻工作者提出的新要求[J].新闻世界,2013(5):309-310.
[156] 李良荣.新闻传播类专业概论第三版[M].上海:复旦大学出版社,2010.
[157] 徐沁.媒介融合论[M].北京:中国传媒大学出版社,2009.
[158] 张霆.媒介融合发展下高校新闻专业人才培养模式[J].四川理工学院学报(社会科学版),2013,28(1):97.
[159] 李希光.是新闻记者的摇篮还是传播学者的温室:21世纪新闻传播类专业教育思考[J].新闻记者,2001(1):24-27.
[160] 吴飞,丁志远.新闻传播教育与新闻专业主义理念的建构[J].浙江大学学报,人文社会科学版,2007(6):128-137.
[161] 邓建国.管窥美国新闻传播院校媒介融合课程改革中的经验与教训[J].新闻大学,2009(1):50-55.
[162] 倪宁.面对媒介融合的新闻传播教育创新[J].中国记者,2011(3):55-57.
[163] 汤涛,李可彦,苏珂.媒介融合视角下新闻传播专业人才培养模式的变革[J].黄河科技大学学报,2012,14(6):104-106.
[164] 张瑾燕,赵玉清.高校新闻学专业的实践教学模式探讨[J].大连民族学院学报,2008

(4):367-369.

[165] 李希光.新闻传播类专业核心[M].广州:南方日报出版社,2002.

[166] 李吉娜,张喆,钱德亮.《高等数学》课程过程性考核的探索与实践[J].佳木斯职业学院学报.2020(2):131-132.

[167] 李学兰,卜林,赵利民.应用型高校经管类专业过程性考核探究[J].江苏科技信息·科教研究.2020(3):53-55.

[168] 刘洋.浅谈大学英语教学中的过程性考核[J].海外英语.2019(12):130-131.

[169] 刘东皇,刘宁,刘凡.基于过程性考核的应用型高校专业核心课程考核模式改革探索[J].产业与科技论坛.2018(15):229-230.

[170] 王建秀.全过程课题式教学与考核方法的理论与实践[J].教育教学论坛,2019(2):176-177.

[171] 马克斯.教学机智:教育智慧的意蕴[M].李树英,译.北京:教育科学出版社,2001.

[172] 王加强."教"可教吗？教师教育理论前提的哲学反思[J].教育学报,2012,8(5):37-43.

[173] 严励,张悦.融媒体时代我国新闻学专业人才培养模式探析[J].新闻世界.2017(11):86-90.

[174] 宋莉.融媒体背景下新闻采编流程再造的实践与思考[J].中国传媒科技,2020(6):73-75.

[175] 罗杰斯.传播学史:一种传记式的方法[M].殷晓蓉,译.上海:上海译文出版社,2005.

[176] 潘颖.讲好故事如何选择讲什么:以几篇中国新闻奖获奖作品为例[J].青年记者,2015(12):45-46.

[177] 郝凌云.讲好新闻故事如何选择讲什么:以多篇新闻奖获奖作品为例[J].西部广播电视,2016(15):50.

后 记

　　这本书是我这些年在延安大学从事新闻传播教育探索、思考、实践、总结的结果。我诚惶诚恐、毫无遮拦地把它呈现在了大家的面前,勇气来自于我对教育从来未变的热爱。这个过程中既有困惑与不解带来的烦恼,也有顿悟与透彻给予的快乐。敬请专家学者和读者批评指正!

　　我出生在渭北铜川一个沟壑纵横的黄土高原小山村。自幼喜欢教育,也喜欢写点文章。我曾不止一次因为自己那点不成熟的文字欢呼雀跃、激动不已,也曾因为几块钱的稿费喜不自胜。相较于姊妹兄弟,我其实资质有限,1999年国家第一次高考扩招,我有幸步入大学,离开了那个生我养我,放过羊、种过地,至今都在眷恋的小山村。

　　走上新闻教育这条道路,得首先感谢我的母校陕西理工大学(原汉中师范学院),我本科在那里学的历史学专业,辅修新闻学专业。2006年,我考入陕西师范大学就读新闻学专业研究生,导师南长森教授,鲍海波、许加彪等教授都给予了我学术的教导与启蒙,他们亦师亦友的帮助让我对专业的认识加深。

　　研究生毕业后来到延安大学工作已经有十三个年头了。延安大学是一所朴实无华、向上而生的学府,文学与新闻传播学院是一个包容精进而又向善的学院。这十三年来,自己得到了同事们热情的帮助、鼓励和支持。前院长梁向阳教授、现任院长王俊虎教授、学院党委书记党子奇副教授,还有学院的同事们都对我的教学科研工作给予了热情的指导和支持。

　　十三年来,延安大学新闻学专业已发展成为国家级一流专业建设点;十三年来,我个人也对新闻传播高等教育有了一些粗浅的思考、探索和实践。我的一些想法能够得到实施,得益于延安大学新闻学专业一届又一届朴实聪慧的学生。他们让我感到了这份职业的荣耀与重要。他们积极配合我的每一次课改、教改实践,并帮我采集教学数据,完成了这本书一些重要的基础性数据和资料整理工作。再次向陈世正、王甜甜、郭峰、张均、崔辉、净思媛、强凯利、冯晓晓等同学的辛勤劳动与付出表示感谢。

特别要感谢的是西北工业大学出版社查秀婷编辑对此书付出的辛勤劳动,也致敬出版社团队严谨认真负责的工作作风。

最后,要感谢家人对我学业、工作支持。特别感谢我的妻子房瑞阁女士和我的一双儿女,你们都是我温暖向前的动力。

郭小良

2022年金秋延河之滨